本书荣获"2016年度中国好书"。

国际安徒生奖评委会主席、IBBY基金会主席帕奇·亚当娜认为：了解毛泽东就是了解今日中国的历史和发展。本书为研究现代中国、中国革命和毛泽东思想增添了一部重要著作。这是一部信息量巨大且非常有趣的有关当年恢宏历史的著作，饱含发人深思的内容。

中国作家协会副主席李敬泽在本书版权输出美国发布会现场表示：韩毓海教授在他多方面的学术生涯中始终坚持以毛泽东的立场、观点、方法认识中国的问题。这使他在一个毛泽东式的辩证过程中达到了对毛泽东和对中国的精深认识。

2016年8月30日，本书版权输出美国发布会在钓鱼台国宾馆举行。活动由中国作家协会副主席、儿童文学委员会主任高洪波主持。

在由中国作家协会儿童文学委员会主办，中国少年儿童新闻出版总社承办的本书版权输出美国发布会现场，出版方为该书读书活动获奖代表颁发证书。

2017年4月10日，本书荷兰语版发布会在海牙中国文化中心举行。荷兰雷奥诺出版公司CEO雷纳德·沃特斯认为：该书挖掘了很多不仅仅是对于中国、而且也是对于整个世界都有普遍意义、值得借鉴的毛泽东思想。该公司引进该书，是希望为欧洲读者提供一个从中国人的眼光来看毛泽东的新视角。

2016 年 12 月 19 日，本书尼泊尔语出版签约仪式在尼泊尔首都加德满都举行，中共中央政治局委员、中央书记处书记、中宣部部长刘奇葆与尼泊尔副总理兼财政部长马哈拉出席签约仪式。

国际安徒生奖评委会前主席玛利亚·耶稣·基尔认为：通过阅读此书，可以了解到许多此前从未听闻的事情，同时也可以回顾到一段对中国和世界历史而言都非常重要的时期。青少年如果能得到这样的书籍，他们将是幸运的。

"2016 年度中国好书"颁奖典礼现场。

国际安徒生插画奖得主罗杰·米罗认为：本书强调的不仅仅是历史本身，同时还强调毛泽东思想，以及毛泽东对书籍的热爱。这样一本书，可以让中国的年轻人更加珍惜、尊重自己的历史。

巴西文化部前副部长沃内·卡诺尼卡认为：本书以简洁易懂的语言展现史实，帮助读者了解伟大领袖毛泽东的人生轨迹。作者解读毛泽东思想和行为、国内外史实，令读者通观全局。这种全貌式的著作有助于了解中国革命。

美国奔驰出版社 CEO 汤姆·克拉夫特认为：本书介绍了毛泽东的生活经历、信念、理想、哲学思想，同时也表现了驱使他在那样一个严酷的时代思考和工作的各种力量。美国奔驰出版社将做好英文版在美国的推广工作。本书将会进入美国中小学校园、直接面对老师、学生进行推介，同时也会向社会公共图书馆、亚马逊网等进行专题推广。

恰同学少年，风华正茂；书生意气，挥斥方遒。指点江山，激扬文字，粪土当年万户侯。曾记否，到中流击水，浪遏飞舟。

伟大
也要有人懂

一起来读毛泽东

修订版

韩毓海　著

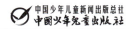

中国少年儿童新闻出版总社
中国少年儿童出版社

北京大学出版社
PEKING UNIVERSITY PRESS

北　京

图书在版编目（CIP）数据

伟大也要有人懂 ： 一起来读毛泽东 / 韩毓海著. ——
北京 ： 中国少年儿童出版社 ： 北京大学出版社，2016.1
（2020.8 重印）
ISBN 978-7-5148-2975-4

Ⅰ．①伟… Ⅱ．①韩… Ⅲ．①毛泽东（1893～1976）
—生平事迹—青少年读物 Ⅳ．①A752-49

中国版本图书馆CIP数据核字(2016)第004711号

WEIDA YE YAO YOU REN DONG YIQI LAI DU MAOZEDONG

出版发行：　中国少年儿童新闻出版总社
　　　　　　中国少年儿童出版社
　　　　　　北京大学出版社
　　　　　　PEKING UNIVERSITY PRESS

出 版 人：孙 柱　王明舟
执行出版人：张黎明　张晓楠

责任编辑：薛晓哲　叶 丹　李慧远　王 燕	审　读：林 栋
美术编辑：张 璐	聂 冰
插　图：陈承齐	责任印务：李 洋
装帧设计：瞿中华	责任校对：黄娟娟

社　　址：北京市朝阳区建国门外大街丙12号　　邮政编码：100022
编 辑 部：010-59512018　　　　　　　　总编室：010-57526070
客 服 部：010-57526258　　　　　　　　官方网址：www.ccppg.cn

印刷：北京利丰雅高长城印刷有限公司

开本：720毫米×1020毫米 1/16　　　　　　　印张：11
版次：2016年1月第1版　　　印次：2020年8月北京第8次印刷
字数：92千字　　　　　　　　印数：36001～41000册
ISBN 978-7-5148-2975-4　　　　　　　　定价：48.00元

图书出版质量投诉电话010-57526069，电子邮箱：cbzlts@ccppg.com.cn

序

　　毓海同志的这本新书,讲述了大地与革命、青年与斗争、创造历史与改天换地、"我要读书"和"翻身道情";深刻动人地叙述了中华民族历史上空前的民族英雄——毛泽东;讲述了他为受苦人洒下的滚滚热泪,他对于压迫、不义和腐败的强烈义愤,他对于江山和人民的诗人的多情。他失去的每一个亲人、他写下的每一行文字、他的笑容与浩叹、他的悲怆与激越、他的伟大思想与风范,与每一个站起来的中国人血肉相连。

　　这本下了很大功夫的学术著作,首先引起我们认真思考的问题,就是学术与政治的关系。

　　在西方,最早系统地思考"什么是政治"这个问题的,是亚里士多德的著作《政治学》。亚里士多德说,政治是自由人的联合体(在当时,这个"联合体"就是他所说的"城邦")。他说,政治所追求的不仅是"生活",而且是"优良的生活",政治所要面对和思考的,是一个共同体的命运和发展规律。

我还记得，柏拉图在《理想国》中说过：献身于政治，就是献身于公共事业，而那些为大家而献身的人，就是灵魂里有黄金的人，因此，他们不需要现实世界里的金银。

这些论断无疑对马克思产生过重要的启发，而中国现代政治的新世界，就是随着马克思主义的传播而诞生并确立起来的。

"我欲因之梦寥廓，芙蓉国里尽朝晖。"以毛泽东同志为代表的中国共产党人和中华民族的志士仁人的伟大贡献，正在于以前赴后继的牺牲，创造了一个中国历史上所未有、人类历史上所罕见的人民当家做主的政治新世界。

这就是中国革命的伟大遗产，现在，这份遗产交到了我们的手上。

此时此刻，我想起的是，在马克思诞生整整100年的时候，毛泽东来到北大图书馆，在李大钊同志的引领下，他成为了一个马克思主义者，而中国化马克思主义的真理，就是在北大丰厚的学术思想沃土中生长出来的。

正是北大的历史，正是以毛泽东为代表的一大批先驱者的经历告诉我们：在我们这里，学术与政治，从来就不是割裂的。

因为我们所谓学术的最高境界，就是追求真理。而我们共产党人的政治，就是为了真理而斗争。

世界上存在着各种各样的标准，学科存在着不同的规范，诸如审美的、伦理的、经济的，等等——这些标准、这些规范当然都必须被承认且得到尊重，但是，我们却不赞成以上述各种各样的标准取代，乃至取消政治标准。

"泛政治化"固然是不对的，而"去政治化"更是完全错误的，因为那就是生活与学术的歧途。而这一点，正是毛泽东同志反复告诉我们的，也是被北京大学的历史所证明了的。

实际上，马克思与毛泽东都深刻地预见并思考过这样的问题：随着资产阶级市民社会的兴起，随着资产阶级政治的堕落，现代世界普遍流行着"政治厌倦症"乃至"政治恐惧症"，而且还存在着马克思所说的那种"经济代替政治的流行语"。对此，马克思在《法兰西内战》中这样指出：

目前"资本和地产的自然规律的自发作用"只有经过新条件的漫长发展过程才能被"自由的联合的劳动的社会经济规律的自发作用"所代替，正如过去"奴隶制经济规律的自发作用"和"农奴制经济规律的自发作用"之被代替一样，但是，工人阶级也知道，通过公社的政治组织形式，可以立即向前大步迈进，他们知道，为了他们自己和为了人类开始这一运动的时刻已经到来了。

正如真理不可能被终结一样，政治也不可能被终结，不可能被其他的领域所取代、所决定。

中国化的马克思主义与以黑格尔为代表的形而上学的区别在于：我们并不认为真理已经被穷尽、被终结，我们并不认为在知识和认识领域里，世界已经一片光明。我们只是认为：我们能够学会我们过去不会的东西。比如在过去，农村是我们不熟悉的，战争是我们不了解的，长征是前所未有的，怎样反抗帝国主义的侵略，怎样建设新中国——这一切都是我们不熟悉的，但是，我们从来没有害怕过自己不熟悉的东西。毛泽东同志青年时代说过，"惊奇者，人类之生涯也"。勇敢地面对我们不熟悉的东西，满怀豪情建设一个新世界，这就是《实践论》告诉我们的真理，当我们面对建设中国特色的世界一流大学的任务的时候，我们应该重温这个真理。

我们生活在中国这块土地上。21世纪的世界不太平。必须承认，我们面对着各种各样的矛盾，因此，我们周围充满了各种各样的声音，这丝毫也不奇怪，这些矛盾，这些声音有国际的、国内的，有历史上遗留下来的，也有新出现的，有的是突发的，有的则是"冰冻三尺非一日之寒"。这些矛盾彼此交织、互相制约，但却以更为集中、更为强烈的方式，呈现在我们面前，我们因此要勇敢面对它们，全面分析它们，在矛盾中寻求突破。任何伟大的事业，都不可能是一帆风顺的，沧海横流，方显英雄本色，我们的同志，在困难的时候要看到光明，要坚信我们的事业是正义的，正义的事业，是世界上任何力量也摧不垮的。这就是《矛盾论》告诉我们的真理，我们今天应该重温这个真理。

毛泽东同志毕生倡导学习和"改造我们的学习"，正如党中央和习近平总书记所指出的那样，为了实现中华民族的伟大复兴，我们今天正面临着学习和"改造我们的学习"的重要任务。

最近，我们认真学习了习近平总书记推荐的毛泽东同志在七届二中全会上的重要讲话《党委会的工作方法》，我们也倡议北京大学师生老老实实地阅读毛泽东同志的一系列著作，以学习这位伟大的北大前人留给我们的法宝与精神财富。我们认为，珍视我们前人的奋斗，尊重我们自己的历史，这绝不是说说而已，而继承北京大学的光荣传统，这更不应该是一句空话。

毛泽东为他的人民所热爱着，亦如他被敌人所反对着一样——尽管他一生未必有一个私敌。

希望一个伟大的政治家没有敌人，那是空想，正如希望真正的学术没有论敌，那不过是一种天真。

但是，热爱与景仰毛泽东，并不等于读懂了毛泽东。毛泽东一生博览群书，手不释卷，他不仅是马克思著作的优秀读者，也是无数人类经典的热切读者。阅读毛泽东，是阅读人类经典的桥梁，而只有充分地吸收人类思想与知识的精华，才能不断读懂毛泽东。

努力读懂毛泽东，正是毓海同志这本书的价值所在。

毛泽东同志离开我们整整40年了，此时此刻，北大的教师以这样的方式来纪念我们伟大的校友，这种方式是我赞成的，也是我期盼的。

因此，我高兴地写下这些话，以祝贺这本书的出版。

现在，就让我们跟随作者的叙述与思考，开始一次波澜壮阔的精神旅程吧！

朱善璐

中共北京大学委员会书记
北京大学校务委员会主任

目　录

001

第一章

毛泽东心中
理想的社会是什么样子？

公元 1893 年 12 月 26 日，毛泽东诞生于湖南省湘潭县韶山冲南岸上屋场。毛泽东生在甲辰时（即当日上午 7 点 ~ 9 点），因此，日本学者竹内实在《毛泽东》一书中说："那是太阳在东方升起的时刻。"

毛泽东生肖属蛇。他在世的时候，人们称他为天才，而毛泽东则针锋相对地把自己称作"地才"。拥抱大地是蛇的本性，毛泽东把"大地"比作中国和人民。

毛泽东心中的理想社会是什么样子呢？要了解这个问题，就需要知道什么是理想的人格、什么是人的天性。

学习是人的天性。"半亩方塘一鉴开，天光云影共徘徊。问渠那得清如许，为有源头活水来。"理学思想的核心是，通过读书和学习，人人皆可成为圣贤，而圣人不过是肯用功学习的常人。毛泽东毕生提倡学习和"改造我们的学习"，他正是一个酷爱读书的湖南人。

劳动与工作是人的天性。"知者行之始，行者知之成，圣学只一个功夫，知行不可分作两事。"明代心学的创始人王阳明主张"五经亦史"，史即"事"也，人只有通过劳动、行动和做事才能表现他自己，空谈误人，空谈误国。毛泽东的《实践论》继承了王阳明《传习录》的一些思想，他毕生倡导"实事求是"，他是个辛勤工作，直到生命最后一息的湖南人。

毛泽东的父亲毛贻昌，是个勤劳节俭的富裕农民，毛泽东继承了他苦干、实干的品质。

毛泽东的母亲叫文素勤，她善良、宽厚、美丽、智慧。哲学家梁漱溟初识青年时代的毛泽东，即为他俊美的形象所震动，称其"貌如妇人好女"。的确，毛泽东长得更像母亲。

毛泽东的母亲是一个虔诚的佛教徒，她虔诚的信仰对毛泽东影响巨大。毛泽东15岁那年，他的母亲得了重病，于是，虔诚的儿子便上南岳衡山进香许愿以求母亲平安。

正是母亲慈和的教诲使毛泽东坚信：同情与奉献是人的天性。

毛泽东在中国悠久的传统中诞生。这种传统不仅包括在湖南兴起的湘学，而且其中更融合了强烈的佛学因素。众生平等，卑贱者最聪明，劳动者是最高贵的人，"六亿神州尽舜尧"。毛泽东后来对埃德加·斯诺这样说，我成为一

　　1919 年的毛泽东。那一年，五四运动爆发了，他创办了《湘江评论》。那一年的 10 月 5 日，毛泽东的母亲文素勤在韶山病逝。毛泽东写下了泣母联两副，其中一副是："疾革尚呼儿，无限关怀，万端遗恨皆须补；长生新学佛，不能住世，一掬慈容何处寻？"

名革命者，就是受到我母亲的影响。1959 年，毛泽东与十世班禅大师谈话时又说："从前，释迦摩尼是位王子，他王子不做，就去出家，和老百姓混在一起，做了群众领袖。"

心学所说的"觉悟"便是"致良知"。王阳明被发配到贵州龙场，受到当地少数民族群众的拥护，他转而认为"天理"就在纯朴善良的基层人民心中，这就是"龙场悟道"。而毛泽东所说的"群众路线"，也就是到人民中去"求良知"。

要知道毛泽东心中的理想社会是什么，还需要了解中国的世界观是什么。

中国的世界观有三个要素：一是作为宇宙秩序的"天理"；二是作为政治秩序的王朝、国家和法律；三是作为社会主体的人民。与西方不同，在中国的世界观中，人民的意志高于王朝和国家，而与"天理"一致。毛泽东高呼"人民万岁"，因为他认为人民是"天理"的承载者。

1912 年，19 岁的毛泽东以第一名的成绩，考取了湖南全省高等中学校（后改名省立第一中学），写了一篇题为《商鞅徙木立信论》的作文。

在这篇作文中，毛泽东讨论了法律、天理和人民之间的关系问题。毛泽东认为，中国之衰落，乃是因为执政者与人民之间缺乏信任，这就集中表现为人民不相信法律，

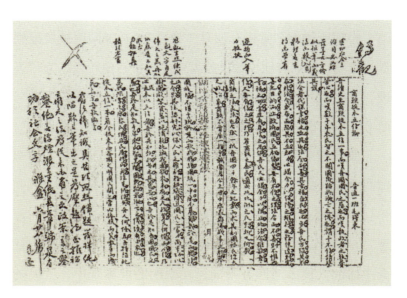

《商鞅徙木立信论》手稿。这是毛泽东在湖南全省高等中学校读书时写的一篇作文，落款是"普通一班毛泽东"，作文写于1912年上半年，有国文老师的多处批语，并批给全体同学"传观"。批语说，"实切社会立论，目光如炬，落墨大方"，"精理名言，故未曾有"，"历观生作，练成一色文字，自是伟大之器，再加功候，吾不知其所至"。总评说："有法律知识，具哲理思想，借题发挥，纯以唱叹之笔出之，是为压题法，至推论商君之法为从来未有之大政策，言之凿凿，绝无浮烟涨墨绕其笔端，是有功于社会文字。"

因为法律建立在社会不平等的基础上，而那样的法律违背了天理人道，因此只是分裂国家与社会、人民与执政者的工具。

根据这样的观点，毛泽东高度评价了商鞅的"农战"法令，他认为商君法的实质，就是"农战"面前的人人平等：

> 商鞅之法，良法也。今试一披吾国四千余年之纪载，而求其利国福民之伟大之政治家，商鞅不首屈一指乎……其法惩奸宄以保人民之权利，务耕织以增进国民之富力，尚军功以树国威，孥贫怠以绝消耗，此诚我国从来未有之大政策，民何惮而不信？

法治不等于民主，因为良法善治的标志，是人民成为法律的制定者和社会的主人。

毛泽东 26 岁时曾经写道：

> 咳！我们知道了！我们醒觉了！天下者我们的天下。国家者我们的国家。社会者我们的社会。我们不说，谁说？我们不干，谁干？刻不容缓的民众大联合，我们应该积极进行！

什么是毛泽东心中的理想社会呢？不是国家积贫、人民积弱，也不是国强民弱、国富民穷，而是人民成为国家的主人，在那里，国家干部只是人民的学生和勤务员。

　　后来，哲学家南怀瑾说，毛泽东创造了中国历史上数千年所未有，而且人类历史上所未见的三大奇迹：一是看病不要钱；二是上学不要钱；三是干部与老百姓"共穷"。尤其是第三条，干部与人民群众同甘共苦——这在人类历史上从来没有，也不可想象。干部不但以身作则参加劳动，而且生活方式与劳动者几无不同——这是空前的平等。

　　毛泽东把一个高度不平等的社会，改造为平等社会；他把一个腐败丛生的社会，改造为"只见公仆不见官"的清廉社会；他把中国人的平均寿命，由 1949 年的 35 岁，提高到 1976 年的 67 岁。

009

第二章

**毛泽东
为何不认同《物种起源》？**

当毛泽东出生的时候，中国正遭逢"数千年未有之大变局"，中国遭逢的是双重困境，非但在"实力"上打不过西方列强，而且面对"世界大势，浩浩荡荡"，古老的中华文明在"道理"上也陷入了理屈词穷，在"道路"上似乎已日暮途穷。

非但"实力"不足，而且"道理"不通，这是中国文明自周秦奠基成熟以来，从未遇到过的全面挑战。

在24岁的毛泽东看来，中国固然面临着数千年未有之大变局，但此不足畏也，不足叹也，不足悲观丧气也。

恰恰相反，这种变局，正为青年一代提供了焕发斗争意志和"抵抗力"的千载难逢的大舞台。

面对大厦将倾，面对江河日下，毛泽东呼唤他的学友们站起来，"到中流击水，浪遏飞舟"。

当时的新学堂流行社会达尔文主义，它把达尔文《物种起源》中对生物学的研究移植到人类社会，"物竞天择，适者生存"——据说，在这样的世界里，人与动物没有什么区别。

从猿到人。

然而，这种把人等同于"动物"的思想，与毛泽东所受到的深刻的中国传统教育相抵触，这造成了青年时代毛泽东第一次思想和精神的危机。毛泽东第一次对西方思想产生了怀疑，其实就是自他从湖南全省高等中学校退学开始的。

退学后，毛泽东为自己制订了一个严格的自修计划。他每天到湖南省立图书馆去读书，早上图书馆一干门就进去，中午只是买两块米糕充饥，算作午餐，直到图书馆关门才出来。就这样，毛泽东的自修持续了半年之久。1936年毛泽东同斯诺谈话回顾这段经历时说："每天到湖南省立图书馆去看书。我非常认真地执行，持之以恒。我这样度过的半年时间，我认为对我极有价值。"

毛泽东在自修时苦苦思索的问题是，如果说宇宙的本质就是"物质"，那么，"人类文明"的地位究竟何在呢？
如果人是一种生命的存在，那么人这种生命的存在，又与
动物有何区别呢？

后来，毛泽东在《矛盾论》中这样回答说：鸡蛋在一
定温度下能变鸡子，而石头则不行，这说明"自然选择"
只是外因，事物变化的根本原因在内部不在外部，而人与
猿之有内在本质的不同，这正如鸡蛋与石头。

1917年秋天，24岁的毛泽东在湖南第一师范学校读书，
他一面听杨昌济老师的修身课，一面在这门课的教材《伦
理学原理》上做了大量的批注。毛泽东的批注，结合这部

恰同学少年——1919年毛泽东（二排左三）与湖南第一师范
学校同学合影。

作品，系统地阐述了自己的人生观和宇宙观。

宇宙的本质是什么呢？毛泽东回答说，宇宙的本质就是变化。

什么是人的意志呢？毛泽东说，意志，就是人对于变化所怀抱的积极态度，就是改造世界的"抵抗力"。

毛泽东还极为独异地说，意志起源于"好奇心"。"惊奇者，人类之生涯也"，毛泽东立志追求波澜壮阔的人生。

为什么郑和的大航海突然停止？为什么乾隆时代中国知道了欧洲在科学技术方面的突破，却无动于衷？这是因为古老的中国对于这个变化的世界丧失了好奇心与惊奇感。

毛泽东认为，中国人之麻木，就在于其缺乏意志力，而所谓缺乏意志力，就是指中国人缺乏面对变化的勇气，丧失了对变化着的世界的"好奇心"和"惊奇感"。

在毛泽东看来，当下之中国，并非缺乏读书人，中国的问题在于读书人头脑保守僵化，他们沉溺于固定的知识范式中不能自拔。中国缺乏的也不是一般的知识，而是批判地对待知识的态度和求变的勇气。

《伦理学原理》说："科学有二别：一主理论者，二主实践者。""前者属于知识而已，后者又示人利用其能力以举措事物"。知识的使命是解释世界，问题是改变世界。什么是实践呢？实践就是斗争，人类社会与动物世界之不同，就在于人能够通过生产斗争、阶级斗争和科学实验来改造世界和自己。

1965年，毛泽东又这样说："单讲自由是必然的认识就自由了？没有实践证明嘛，必须在实践中证明。"

湖南省立图书馆门厅里，挂着一幅《世界坤舆大地图》。毛泽东每天走到地图前，总要驻足良久，陷入沉思。世界如此之大，如果这只是一个奉行丛林法则的动物世界，它能够存在下去吗？如果世界上的人生活得如动物一样，这种人生有意义吗？这样的世界难道不应该改造吗？

1951年，已经成为中华人民共和国中央人民政府主席的毛泽东，在北京与新民学会成员周世钊等人谈到这一幕时，依然感慨万千。他说：

　　"长夜难明赤县天，百年魔怪舞翩跹，人民五亿不团圆。"旧中国，国家四分五裂，人民流离失所，受苦受难，命如草芥，人均寿命只有35岁，婴儿死亡率高达千分之二百。所有的帝国主义列强都侵略过中国，中国的人均GDP在世界144个国家中排名倒数第11。毛泽东的朋友，少数几个参加了中共的美国人之一李敦白回忆说，当时，美国人开车撞死一匹马赔150美元，而撞死一个中国人只赔26美元，其中6美元还要付给当地的官员。

说来也是笑话，我读过小学、中学，也当过兵，却不曾见过世界地图，因此就不知道世界有多大。湖南图书馆的墙壁上，挂有一张世界大地图，我每天经过那里，总是站着看一看。

世界既大，人就一定特别多，这样多的人怎样过生活，难道不值得我们注意吗？从韶山冲的情形来看，那里的人大都过着痛苦的生活，不是挨饿，就是挨冻。

我真怀疑，人生在世间，难道注定要过痛苦的生活吗？

决不！这种不合理的现象，是不应该永远存在的，是应该彻底推翻、彻底改造的！总有一天，世界会起变化，一切痛苦的人，都会变成快活的人，幸福的人！我因此想到，我们青年的责任真是重大，我们应该做的事情真多，要走的道路真长。从那时候起，我就决心要为全中国痛苦的人，全世界痛苦的人贡献自己的全部力量。

从上述决绝的语气中，我们可以感受到充塞在青年毛泽东心灵里的那种巨大的痛苦和抱负。在那个时候，母亲的信仰或许再次浮现在他的脑海里。只不过，当这个20岁的青年以佛陀的目光凝视这个物竞天择、适者生存的动物世界时，他的心不是寂灭、消沉下去，而是一日日地澎湃、长大起来。

第三章

是什么把毛泽东
从一个温和的改良派推向了革命派？

1916年，毛泽东与另外两位同学同住在湘江岸边的爱晚亭中读书。每天只吃新蚕豆饭一顿，既废朝食，也不晚餐，在太阳下、大风里、暴雨中，他们赤膊而立——毛泽东把这叫作"日浴""风浴""雨浴"。

毛泽东后来回忆自己的青年时代说："我的朋友和我只愿意谈论大事——人的天性，人类社会，中国，世界，宇宙！"

什么是宇宙和自然的法则呢？"鹰击长空，鱼翔浅底，万类霜天竞自由"——通过对大自然的热烈赞美，毛泽东所要表达的思想是：互相激发、互相奉献、互相合作，这才是自然的法则，天地无私，万类有情，凡宇宙自然给予我们的，我们必回馈于它。

而达尔文的进化论所宣扬的不过是"人不为己，天诛地灭"，不过是为一种社会政策背书。那种社会政策认为：由于资源有限，人只有通过残酷竞争，才能使自己拥有的资源最大化。

那时的毛泽东认为，一旦人们按照大自然的安排过合作性的生活，那种弱肉强食的变态的行为就会被消除。

1918年，毛泽东的恩师杨昌济应北京大学之聘，举家迁居到了北京。毛泽东为组织赴法勤工俭学之事也到了北京，经杨昌济介绍，他被李大钊安排在北京大学图书馆当了助理馆员。

那一年，正好是马克思诞辰100周年。

在北京大学，毛泽东第一次知道世界上有马克思这个人，有十月革命这回事儿。如果没有来到北京大学，没有近距离地与李大钊、陈独秀相处，他几乎很难成为后来的那个以"伟大的马克思主义者"著称的毛泽东。

半年后，当毛泽东离开北京的时候，他开始与杨开慧热烈地通信。在信中，杨开慧称毛泽东"润"，而毛泽东则称杨开慧"霞"，"霞姑"是杨开慧的乳名。

1919年7月，湖南省学联的刊物《湘江评论》创刊，毛泽东担任了这份刊物的主编和主要撰稿人。

从新文化运动的大本营北京大学归来后，毛泽东改用白话写作，但他的文章里依然有中国古文波澜起伏的气势，大气磅礴的肌理。自《湘江评论》时代起，他开始创造出对现代汉语影响巨大的"毛文体"。

毛泽东在北京大学工作期间，与邓中夏等人在陶然亭公园合影。此前，毛泽东在中山公园听了李大钊的演讲，得知第一次世界大战不是协约国的胜利，而是工人联合起来，终止了资本家之间的战争。

在当时的毛泽东看来，改造社会，并不一定要采用革命或者无产阶级专政的方式。毛泽东像自己的母亲一样，主张"劝善"，主张"合作"，主张"助人而不害人"。

这个时期的毛泽东只是一个相信"四海之内皆兄弟"的温和的社会改良派，还远不是后来那个雷霆万钧的革命家。

然而，正像当时那个世界的转变是迅疾的那样，毛泽东的成长也是很迅速的。他从一个温和的社会改良派，转变为一个革命家，前后只不过用了几个月的时间。

　　毛泽东主编的《湘江评论》，1919年7月14日在长沙创刊。创刊宣言里说："世界什么问题最大？吃饭问题最大。什么力量最强？民众联合的力量最强。什么不要怕？天不要怕，鬼不要怕，死人不要怕，官僚不要怕，军阀不要怕，资本家不要怕。"还指出中国的问题是，人们"迷信鬼神，迷信物象，迷信运命，迷信强权。全然不认有个人，不认有自己，不认有真理'。这份刊物出版了五期就被军阀查封了。

《湘江评论》只存在了一个多月，刚出了五期，便被湖南军阀张敬尧查封了，湖南省学联也被勒令解散，而这一切都是在荷枪实弹的士兵的打砸中完成的。这是毛泽东人生中所遭受的第一次严重打击，当冰冷的枪口指向他和他的同伴的时候，毛泽东"四海之内皆兄弟"的梦想破灭了。

如果说有谁把毛泽东由一个温和的改良派推向了革命派，那么这第一个人便是湖南军阀张敬尧。

人生的打击接踵而至。这一年的 10 月，毛泽东的母亲病逝了。毛泽东怀着悲恸欲绝的心情奔回韶山，在母亲灵前长跪不起，日夜守灵，并和泪写下了《祭母文》。

母亲出殡那天，毛泽东写下了泣母联：

疾革尚呼儿，无限关怀，万端遗恨皆须补；

长生新学佛，不能住世，一掬慈容何处寻？

送走了母亲，毛泽东也告别了过去的人生，他从此不再一味地相信"劝善"。11 月，毛泽东怀着悲怆回到长沙，他立即着手重建湖南学联，并发誓将张敬尧驱逐出湖南。

12 月 6 日，毛泽东发动湖南各校总罢课，湖南学联代表长沙 13000 名学生向全国发出"张敬尧一日不去湘，学生一日不回校"的誓言。

从此，那个温和寡言，写得一手典雅古文的书生与母亲一起离去了。"长生新学佛，不能住世，一掬慈容何处寻？"——那个曾经学佛的孩子没有丢下笔，但这支笔从此变成了无坚不摧的猛烈炮火。

1920 年 1 月，杨昌济在北京病逝。在痛失慈母之后，毛泽东又失去了精神上的父亲，他从此只能在没有人生导师的世界上，孤独前行。

一周之后，毛泽东的父亲毛贻昌也去世了。那一年，毛泽东 27 岁。父母和师长几乎是在一瞬间离他而去，巨大的痛苦使他艰于呼吸视听。毛泽东在短促的时间里经历了亲人的生死别离。

1920 年的 6 月，张敬尧被驱逐出湖南。

这一年的冬天，毛泽东与杨开慧结婚了。他们没有举行任何仪式，用毛、杨二人的话来说，这就是"不做俗人之举"。杨开慧在 1929 年 6 月 20 日这样写道：

> 从此我有了一个新意识，我觉得我为母亲所生之外，就是为了他。假设有一天母亲不在了，他被人捉住了，我要去跟着他同享一个命运！

事实证明，这绝非纯情少女在被爱情冲昏了头脑时所说的话。杨开慧牺牲前把它藏于长沙板仓住房的墙缝里，直到1983年才被发现。这也是他们爱情史上的一段佳话。

现实更使毛泽东有了新意识，他接受了马克思的学说：要改变弱肉强食的社会法则，就必须改变支配这个社会的政治和经济法则，而一旦要触及现存的政治制度和经济制度，那就只能通过革命的方式，改良是行不通的。

1921年7月，毛泽东去上海参加了中国共产党的第一次全国代表大会。而彼时中国最重要的两位马克思主义者，陈独秀和李大钊都没有参加这次会议。

当中国共产党经过二十多年的浴血奋战，成为主宰中国命运的决定性力量之时，1945年4月，在中共七大预备会议上，面对着经历了长期革命斗争锻炼的党的精华，毛泽东引用了《庄子》中的一句话，如此感慨万千地形容了中共一大："其作始也简，将毕也巨。"

第四章

**毛泽东与蒋介石的
根本区别是什么？**

在湖南第四师范学校时期的听课笔记《讲堂录》中，20岁时的毛泽东记载了这样一段极有洞见的话：

中国固自由也，人民与国家之关系，不过讼狱、纳赋二者而已，外此无有也……惟无关系也，故曰缺乏国家思想、政治思想。中国自由，西国专制；中国政法简，租赋轻，西国反之（满清不专制）。

"中国自由，西方专制"，这一论断无论在当时还是今天，都属于极为"反潮流"的见解。

中国只有家庭、家族观念，没有国家思想。儒家思想只是基于血缘关系之上的伦理学，不是政治学。

什么是政治呢？亚里士多德说，政治是"自由人的联合体"，政治的目的不是谋生，而是创造优良的生活，只有占统治地位的阶级和民族才有政治生活，而被统治阶级、被压迫民族只有家庭生活和经济生活，没有政治生活。

在毛泽东看来，中国的衰落，就在于社会缺乏政治组织能力，表现为国家与人民之间，几乎没有关系，于是，中国就没有现代国家思想和政治思想。毛泽东青年时代形成的这种真知灼见，今天读来依然令人耳目一新。

中国社会的分裂，就表现为脑力劳动者与体力劳动者之间的巨大差别，而现代科学技术不产生于中国，就是因为中国的读书人鄙视动手，从而使得知识与实践、科学技术与生产力不能结合在一起，更在于知识者与劳动者，是判然分离的两个阶级。青年时代便形成的这一观点，毛泽东坚持了一生。

中国国家之无效率，就是由于基层社会没有政治组织，由于基层人民没有自己的组织。所以，他们也就不能抵抗官僚的掠夺和压榨。由于基层无组织，所以国家欲动员社会，便只能依靠官僚和基层的土豪劣绅，而一旦营利的官僚与基层的土豪劣绅结合，中国就会出现军阀割据的局面。

中国社会的治理体系和治理能力为什么会落伍呢？毛泽东认为，一千多年来，在中国基层社会形成的"乡绅"阶层，已经由中国基层社会的组织力量，逐渐堕落成为榨取和破坏中国基层的毁坏性力量，用毛泽东的话来说，乡绅阶层，已经堕落为"土豪劣绅"。国家听任"乡绅"对基层进行统治，从而形成"国家能力不下乡"的局面。

青年时代的毛泽东就已经指出：这就是造成中国基层社会没有国家思想、政治思想的根源，这也就是近代中国陷入"一盘散沙"的根源。

近代以来，正是这种悲剧性的恶性循环，为帝国主义宰治中国提供了前提和条件。

作为政治家，毛泽东与蒋介石都曾经推崇能文能武的王阳明，然而毛泽东与蒋介石的根本区别是什么呢？

蒋介石认为，乡绅是中国基层社会的组织力量、社会保护力量，乡绅代表的是中国基层社会的自组织性，以家族代替阶级，以伦理代替政治，这正是中国文明优于西方文明之处。

而在乡绅问题上，毛泽东的看法则与蒋介石截然相反。毛泽东认为，中国社会治理失败的过程，就集中表现为"乡绅"堕落为"劣绅"这个过程。

所谓"劣绅"，他们搜刮乡里，无恶不作。在一系列早期农村社会调查报告中，毛泽东认为，如果不能以农民的自我保护组织"农民会"来填补这种乡土中国权力结构的真空，那么，中国农村将成为"劣绅"的天下。

　　1945年在重庆谈判时，毛泽东与蒋介石的合影。毛泽东离开重庆前最后一夜，下榻于蒋介石官邸林园，次日清晨毛泽东与蒋介石共进早餐，他们也许当时均未想到，从此将永不见面。登机前，毛泽东忽然转身与林园的警卫握手说，你们辛苦了，谢谢你们。事后警卫们感动地说："我们为蒋先生鞍前马后效力，他从未正眼看过我们。毛先生这样厚待下人，怎能不征服人心，将来的中国必是毛先生的天下。"

在毛泽东看来，中国的衰落，从根本上说，就是由于基层被黑社会化的"劣绅"所把持，上层则为"官僚买办资产阶级"所统治，而蒋介石所代表的，正是这样的一个旧中国的治理体系。

如果蒋介石也有思想，那么所谓"蒋介石思想"的要害，就在于弱化中国人民的政治意识、阶级意识、民族意识。因此，在延安时代，一位理论家曾经如此尖锐地评论蒋介石的著作《中国之命运》：蒋介石认为世界上没有阶级，世界各民族都是我们中国人的亲戚，如果照他的这种说法，日本帝国主义就是他的亲戚了。

要阻止中国的衰落，改变中国的落后状况，那就非得打碎旧中国的治理体系，那就非得革蒋介石的命不可。

毛泽东与蒋介石之间的矛盾是阶级矛盾，是敌我矛盾，他们之间斗争的成败，关系着中国的现代命运，这是你死我活的斗争。

第五章

为什么毛泽东
被视为"土包子"？

031

1923 年 4 月，毛泽东离开长沙去上海，到中共中央工作。6 月，在中共三大上，毛泽东被选为中央执行委员会中央局秘书，协助中央局委员长陈独秀处理中央日常工作。

那时的中国共产党，只是成立于 1919 年的共产国际（第三国际）的一个支部，必须完全服从共产国际的指示。1920 年，当俄共远东局的代表维经斯基（化名吴廷康）初来中国与李大钊、陈独秀接触时，他便在上海创办了"外国语学社"，召集进步青年去苏联东方劳动者共产主义大学学习，最早去苏联学习的有刘少奇、任弼时、罗亦农、肖劲光等人，而其中并不包括当时远在湖南的毛泽东。

毛泽东来自农村，他没有在大城市长期生活过，更没有留学的经历，在这方面，他根本不能与蔡和森、瞿秋白、李立三、张国焘和刘少奇相比。因为他老实肯干，能吃苦会办事，所以，被认为是一位"实干家"。

当时的中共中央有很多洋派的知识分子，他们空怀高远的理想，在他们眼里，一身土气的毛泽东如此轻易地放弃工人运动、城市运动和社会运动，转而重视发动农民运动，简直就是个没有理想的"机会主义者"。

对当时热衷于工人和知识分子运动的中国共产党领导层来说，让他们接受毛泽东的想法，那几乎是不可能的。

这里起码有三个原因。

其一，毛泽东的设想不但与共产国际的指示，看起来也与马克思的经典学说背道而驰。马克思主义是以工人阶级为主体的学说，而在那里根本就没有农民的地立。

其二，当时的中共领导层主要由知识分子组成，他们与中国的下层，特别是农民相隔甚远。这些人完全不了解农村与农民，他们对于农民的想象，就是愚昧、落后、保守和自私。

其三，这些高度西化的知识分子，对中国传统的治理经验缺乏认识，在这些"反传统主义者"眼里，中国传统几乎全是糟粕。

难怪张国焘当时曾这样讽刺说：那个一身土气的毛泽东，还生活在黄巢、朱元璋和李自成的时代，而黄巢当年占领了广州，就一把火把整个广州城烧掉了。农民是很愚昧的，他们根本不知道什么是苏维埃，农民还以为苏维埃就是苏兆征（中共早期著名的工人运动领袖）的儿子呢！

在上述原因中，还有更为重要的一条是：当时中共的领导人是"文人"，他们不知武事。

1917 年 8 月，毛泽东在致黎锦熙的信中说："愚于近人，独服曾文正。"曾国藩令毛泽东佩服的地方，恰在于他能够通过组织收拾人心而组织军队。

当时欣赏毛泽东的主张的，主要是国民党左派，即以孙中山、廖仲恺、胡汉民和汪精卫为代表的那一派。他们认为，通过满足农民的土地要求，以组织发动农民入伍，建立党军，这是国民革命成败的关键。

尽管在毛泽东看来，国民党左派的姿态是虚假的，他们重视农民运动，只不过是因为农民是国民党建军的兵源，一旦国民党建军成功，农民运动便会被否定——毛泽东对于国民党左派的这种判断，不幸很快就变成了事实。

无论怎样，在当时的共产党中央里，毛泽东确实是国民党能够和愿意接受的人才。那时的国民党能够认识到"枪杆子"的重要性。

1924 年 1 月下旬，毛泽东在广州参加了中国国民党第一次全国代表大会。在那次会议上，毛泽东被选举为国民

　　1924 年 1 月，毛泽东在国民党第一次全国代表大会上当选中央执行委员会候补委员，并在会上被指定为章程审查委员之一，而蒋介石只是大会列席代表。当毛泽东在大会上阐述中国社会缺乏组织能力的见解时，蒋介石只能在台下听讲。

党中央执行委员会候补委员，并被指定为章程审查委员之一。

1924 年 2 月中旬，毛泽东离开广州，到国民党上海执行部工作，担任组织部秘书。按照孙中山的部署，毛泽东负责国民党的党员重新登记，即国民党的"整党"工作。

毛泽东最初参与"整党"，所要整顿的是国民党，而不是共产党。

"说许多空话，不如做一件实事"，毛泽东是他自己所说的"实事求是派"。

中国的落后，并不是简单的经济落后，而是政治落后，是国家能力低下、人民没有政治意识；而中国挨打，则是因为军事能力低下，是因为人民手里没有枪杆子，是因为没有人民的军队。

说服共产党不易，与国民党打交道则更难了。毛泽东在上海主持的国民党党员重新登记工作，受到了叶楚伧等国民党右派的强烈抵制，整顿这些腐败老朽，对于只有 30 岁的毛泽东实在是勉为其难了。

在中国办一件实事实在是太难了，毛泽东对来自国民党右派的攻击可以满不在乎，但要忍受共产党同事对他的误解，就不是一件容易的事了。在那个时候，党内比较了解毛泽东的李大钊去了莫斯科，毛泽东在中国共产党内因

国共合作初期，毛泽东（后排左二）参与国民党上海执行部工作，这是 1924 年 5 月执行部部分成员在孙中山寓所合影。

此陷入了孤立。

拼命工作而又遭受"夹板气"的毛泽东在 1924 年终于病倒了。他咯血不止，诊断结果是胃出血，被陈独秀派回湖南休养去了。

在随后召开的中共四大上，共产国际指派的彭述之，取代毛泽东成为党的中央局执行委员。1927 年之后，这位好做大言的彭述之却背叛了党，成为托派的代表人物。

039

第六章

毛泽东与马克思
最大的共同点是什么?

从 1924 年年底到 1925 年 8 月，毛泽东在中国政治舞台上消失了，他退隐到故乡韶山。在这段时间里，他什么也没有写，也几乎没有发出什么惊世骇俗的声音。

每当要做出惊天动地的决断时，他都会蛰伏一个时期，在沉潜中独自思考，或者说——孤独地思考。

在这段时间里，毛泽东究竟在思考些什么呢？

他思考的是中国历史、中国社会的特殊发展规律。

基于这种思考，毛泽东做出了与苏联和共产国际完全不同的判断。

苏联把马克思对人类历史发展的复杂分析，简化为"五种社会形态"的递进，这五种社会形态是原始社会、奴隶社会、封建社会、资本主义社会和社会主义社会。

正是根据这样的观点，斯大林在《论中国革命的前途》中对中国社会性质，做出了判断：中国是封建社会，因此中国需要资产阶级革命，在中国，资产阶级是最进步的阶级。

毛泽东的一生，除了阅读马克思的著作外，更多的是通过独立思考接近马克思的观点的。马克思与毛泽东的共同点，就在于批判的思想，而在中国社会性质这个问题上，尤为如此。

马克思在《政治经济学批判（1857—1858 年）手稿》中提出，中国并不是西方那种"封建社会"，中国早就完成了国家的统一和市场的统一，不存在西方那样的封建壁垒、贸易和市场壁垒。中国市场很大，商人纵横南北，获利很多，但是，也正因为中国"商业资本"的过度发达，方才造成了其"工业资本"之不发达，即商人不必通过投资产业，就可以获利发财。

这正是"工业革命"不发生于中国的一个原因。

尽管当时的毛泽东不可能读过马克思的《政治经济学批判（1857—1858 年）手稿》，但他与马克思对中国社会特殊性的分析，却惊人地一致。

毛泽东也认为，中国并非简单的封建社会，中国社会有资本主义性质。

毛泽东把中国的官僚阶级称为特殊的"资产阶级"——"官僚资产阶级"，而近代以来，官僚资产阶级更与帝国主义相结合，从而形成了"官僚买办资产阶级"。

  1848 年，30 岁的马克思撰写了《共产党宣言》，首次申明全世界劳动者有共同利益，呼吁"全世界无产者联合起来"，为人类共同利益而斗争，而不是去做资本家和政客们的炮灰。

  1918 年，马克思诞辰 100 周年时，毛泽东在北大图书馆第一次接触到马克思的学说。

在中国历史上，最早发现中国的官僚是一个具有自身特殊利益的"营利性的组织"的，并不是毛泽东，而是雍正皇帝。因此，雍正发动了大规模的反腐败运动，以整肃官商勾结和营利性的官僚，但是，雍正的改革与新政最终失败了。

毛泽东的发明是，官僚资本主义的基础是基层的土豪劣绅，由于基层社会无组织，国家要动员社会只能依靠官僚，一旦官僚与基层的土豪劣绅结合在一起，国家与皇权便对他们无可奈何。

自上而下的反腐败运动，只能暂时地触及官僚，不能从根本上改造中国社会一盘散沙的无组织局面。

在毛泽东看来，中国革命并不是一场由资产阶级领导的反封建革命，因为帝国主义、官僚资本主义和基层的土豪劣绅——这三个互相勾结的势力，才是导致近代中国瓦解的内因和外因，这三者才是中国革命的对象。

1868 年，马克思更明确地指出，如果没有外部暴力的干扰，农业共同体不必向欧洲式的市民社会转化，也可以实现向现代文明转型。换句话说，社会主义进程，可以是一种不以牺牲农民和农村共同体为代价而进行的现代转变。

若用毛泽东后来的话说，那就是，中国的社会主义现代化，绝不是"城市消灭农村"的过程，恰恰相反，中国模式的社会

这幅画表现的是农民平分土地 在色彩上，农民与土地融为一体，既象征着农民获得了土地，土地回归到农民之中，也象征着人民就是大地，是万物生长之源。

主义现代化，"应该把农村建设得更好，比城市还要好"。

1958 年，毛泽东这样指出，农民并不比城里人落后，那些在城市里搞不了的社会主义试验：诸如合作医疗、集体办教育、集体办企业、办民兵，农村却可以搞起来。

如果从这个角度去理解毛泽东的思想，那么，我们会发现，在马克思之后的共产党领袖中，毛泽东的思路是与马克思高度契合的，毛泽东立足中国文明的传统，发展了马克思的社会主义现代化思想。

毛泽东是这样一个马克思主义者——像马克思本人一样，他是以批判的方式来建立起自己的思想的。

1926 年，毛泽东在《国民革命与农民运动》一文中提出，军阀的总根子就是土豪劣绅，军阀不过是大的土豪劣绅而已。因此，要完成资产阶级民主革命——国民革命，就必须铲除军阀的根子"土豪劣绅"，而要实现中国的现代转化，就必须改变为土豪劣绅所把持的中国社会的基层结构。

显然，毛泽东的贡献，绝不仅是张国焘所说的，毛泽东这个"农家子"发现了农民，提出了农民问题。毛泽东的贡献在于，他立足中国历史，极为深刻地揭示出，中国近代社会瓦解的根源，就在于基层社会没有自组织能力，而要进行社会改造，就必须扎扎实实地从组织最基层的社会做起。

　　毛泽东毕生都是一个孤独的思想者，他立足中国大地，深沉地凝视着祖国的山河。

　　1921 年 8 月，毛泽东将湖南自修大学的学习内容和方法确定为："自己看书，自己思索"，"共同讨论，共同研究"，辅之以教师指导。

　　他在《实践论》中又这样概括说："马克思列宁主义并没有结束真理，而是在实践中不断地开辟认识真理的道路。"

面对数千年未有之大变局，为求中国之新生，唯有靠一代志士仁人用自己鲜活的生命，为中国铺设出一条摆脱历史轮回的活路，这条路必定是前所未有的，是超常规的。

毛泽东的思想剧烈地压缩了中国历史。毛泽东的设想是，在尽可能短的时期内，以暴风骤雨般的方式，把农民组织起来，通过建立中国现代土地集体所有制，以推动土地的社会化生产，在"工农联盟"的基础上，实现社会主义性质的现代化。

"一万年太久，只争朝夕。"毛泽东力图用一代乃至几代人的革命、奋斗和牺牲，来完成历史上数十代人才能完成的事业。

鸦片战争摧毁的，不仅是一个古老的王朝，而且是中国人的思想、理论和道路自信。

而毛泽东思想所建立的，也不仅是一个新的国家、新的社会，更是中国人的思想、理论和道路自信。

毛泽东喜欢鲁迅的诗："万家墨面没蒿莱，敢有歌吟动地哀。心事浩茫连广宇，于无声处听惊雷。"

毛泽东毕生都是一个孤独的思想者，而这首诗，确实能够代表毛泽东毕生的心境。

第七章

毛泽东如何认识到
"枪杆子里面出政权"这个真理?

049

除孙中山与李大钊外，陈独秀和汪精卫是另外两个先后欣赏过毛泽东的人。

陈独秀欣赏毛泽东，是因为他认为含蓄低调的毛泽东不尚空谈，能办实事。

而汪精卫欣赏毛泽东，很大程度上则是因为他希望用共产党来制衡国民党右派。

毛泽东 1926 年主持过的第六届农民运动讲习所，孕育了中国 16144 个农会，这些农会遍及 11 个省，成为日后中国共产党再造乾坤的熔炉。

1925 年 12 月，身为国民党中央代理宣传部部长的毛泽东发表了《中国社会各阶级的分析》。这篇文章后来收入《毛泽东选集》，成为选集中的第一篇文章。

历史证明，这篇文章不仅是指导国民革命，而且是指导整个中国革命的重要文献。那一年，毛泽东 32 岁。

这篇文章讲述的核心问题是：究竟什么是政治、什么

这是收入《毛泽东选集》的第一篇文章，是毛泽东最早阐述新民主主义思想的代表著作。

是政权。

"政治状态"是相对于"自然状态"而言的。霍布斯说，处于自然状态的人与野兽无异，为了防止他们彼此攻击，因此就需要"主权"或"政权"存在。从自然状态进入政治状态，就是从野兽状态进入文明状态。

卢梭则认为人在自然状态是自由的，但人为了向他人索取而组成社会，因此，人在"社会状态"下是自私自利的，而要改造自私自利的社会，就需要采用政治手段，因此，从社会状态进入政治状态，就是由自私自利进入到自由。

马克思的观点最为深刻，他认为"自然状态"就是人们为了谋生盲目劳碌的状态，而政治状态则是指社会各阶级为了自己的阶级利益而进行自觉的斗争。

那么，什么是"政权"呢？在这个问题上，马基雅维里的观点最为独特。他认为，政权的基础不是法律，如果是那样的话，天主教会也可以称为政权。实际上，政权的基础是武力，因为政治涉及生死存亡，一个软弱无力、任人欺凌的组织不能称为政权。因此，马基雅维里时代四分五裂的意大利城邦，虽然物质富有、文化昌明，但由于其在武力上不堪一击，也不是严格意义上的政权。

毛泽东赞同马克思和马基雅维里，他认为所谓自然状态，就是人民处于一盘散沙、任人宰割的状态，而中国和中国共产党正处于生死存亡的关头，如果不了解什么是政治、什么是政权，不必说改造中国，就连共产党自身的生存都谈不上。

卡尔·施密特认为，毛泽东这篇文章的深刻之处，就在于回答了"政治的标准"是什么，以及"政权实质上是什么"这两个问题。

如果说审美的标准是美丑，伦理的标准是善恶，经济的标准是盈亏，那么政治的标准就是毛泽东所说的敌我。

所以，这篇文章一开头，毛泽东便如此急迫地写道：

谁是我们的敌人？谁是我们的朋友？这个问题是革命的首要问题。

　　正是从"政治"与"政权"的视野出发，毛泽东展开了中国社会各阶级的分析。

　　他指出，在中国，最坏的势力是官僚买办资产阶级和土豪劣绅，他们是革命者的敌人。民族资产阶级和小资产阶级介于敌人与朋友之间，他们的特点是怀疑、动摇。工人阶级是革命的领导力量，可惜人数很少。在中国，农民占人口的绝大多数，农民就是那些活不下去的人，而绝大多数人处于活不下去的状态，这就是中国革命得以爆发的根本前提。

　　在反动派眼里，人民不可怕，农民更不可怕，只有政治化的、组织起来的人民才是令他们恐惧的"幽灵"。

　　1927 年 3 月，毛泽东发表了《湖南农民运动考察报告》。它的第二节，就叫"组织起来"。

　　当《湖南农民运动考察报告》发表的时候，如同毛泽东所预言的那样，"大革命"作为一场"虚假的革命"已经全盘失败了。这篇文章发表数日之后，蒋介石便发动了"四一二"政变，成千上万工人和农民被残酷屠杀，大批共产党人倒在血泊里。牺牲者中包括夏明翰，他是毛泽东在

写于大革命失败前夜的重要著作。

湖南发展的最早的中共党员之一，也包括李汉俊，中共一大就是在他的家中召开的。

对组织起来的人民的恐惧，导致了蒋介石以恐怖的手段对付人民。从 1927 年 4 月 12 日开始，在上海，针对共产党人的大规模、有组织的屠杀进行了 3 天。蒋介石为第一次国共合作举行了血淋淋的葬礼。

仅仅几个月之后，蒋介石与宋美龄在上海举行了基督教婚礼，通过这次政治联姻，蒋介石投入了英美帝国主义的怀抱。

危机时刻当然不乏变节者。如施存统，他是上海共产主义小组成员，第一任中国社会主义青年团书记，1927 年 8 月，他在《中央日报》公开撰文脱离共产党。而霍家新、贺治华这一对"叛徒夫妇"则为了 1000 美元的赏金，出卖了中共五大中央政治局常委罗亦农，罗亦农被害时年仅 26 岁。

1927 年 8 月，毛泽东带着全家从武汉秘密潜回长沙。所谓潜回，是因为此时的毛泽东已经"自我罢免"了在国民党中的一切职务。回到家，毛泽东放下儿子，甚至没有来得及与妻子杨开慧说道别的话，就匆匆地消失在夜幕中，毛泽东与杨开慧就此永别。

接任毛泽东国民党中央宣传部部长职位的人，竟是中共一大的另一位代表周佛海，周佛海不仅叛变了共产党，而且叛变了中华民族，他后来成了汉奸。

1930 年 11 月，经蒋介石的手令，时年 29 岁的杨开慧被湖南军阀何键枪杀于长沙。她身中数弹，手指深深地抓进泥里。

"汽笛一声肠已断，从此天涯孤旅。"

毛泽东永失"骄杨"。

在"敢教日月换新天"的中国革命进程中，有多少人叛变了，又有多少革命者壮烈牺牲了，而每当革命需要牺牲的时候，毛泽东和他的亲人都会挺身而出。毛泽东一家有 6 位亲人为中国革命献出生命，这在世界无产阶级领袖中，绝无仅有。

时穷节乃见，一一垂丹青。

　　1924 年杨开慧和毛岸英、毛岸青合影。那一年，杨开慧 23 岁，
毛岸英 2 岁，毛岸青 1 岁。

　　毛泽东的长子毛岸英，8岁与母亲一起被投入监狱，10岁带着弟弟在上海流浪，14岁到苏联学习，后参加了苏联卫国战争，任坦克连指导员，24岁回到延安，先去柳林乡上"劳动大学"，后去工厂劳动，1950年11月25日，28岁的毛岸英在朝鲜牺牲，毛泽东得到消息后说，老百姓的孩子可以血洒疆场，我毛泽东的儿子怎么就不行呢？谁让他是毛泽东的儿子呢！2009年9月14日，毛岸英被评为100位新中国成立以来感动中国人物之一。

从个人角度出发，毛泽东没有任何理由去打倒国共合作时他曾担任代理宣传部部长的国民党，然而，毛泽东这样做了。这是因为毛泽东在风华正茂的时候，便立志发愿，要为全世界受苦人贡献自己的一切。

一向不问国事的中国工农，正是从反动派的杀戮中见识了什么是"政治"、什么叫"敌人"、什么叫"敌我矛盾"、什么叫"政权"。

毛泽东从血光、火光、刀光和泪光中站立起来，他因此认识了一个真理——枪杆子里面出政权。

1927年9月9日，毛泽东发动了秋收起义，第一次打出了"工农革命军"的旗帜。从那一刻起，伟大的中国革命方才真正开始；从那时起，中国方才第一次有了劳动者的政权。

1964年5月17日，毛泽东在接见意大利和奥地利友人时说，我打了25年仗，由于偶然性，我没有被敌人打死。在1927年之前，我是没有准备打仗的。在城市中工作的人，知识分子，留恋城市，舍不得离开城市跑到乡村中去，包括我自己也是这样。人们说我怎么英明，那是假的，是帝国主义和蒋介石使我在城市中存在不下去。他们用恐怖的杀人办法，逼得我和许多同志向敌人学习，蒋介石可以拿枪杀伤我们，我们也可以拿枪杀伤他们。

第八章

为什么说毛泽东不仅创立了
中国工农红军，
更振奋了中华民族的武德？

魏源与毛泽东，都是伟大的思想家，他们都曾在创办于公元976年的岳麓书院就学，并把岳麓书院的学风"实事求是""经世致用"推向高峰。

魏源的一生是个悲剧，当他的名声和著作在日本几乎家喻户晓的时候，在故乡中国，知道他名字的人却寥寥无几。

魏源呕心沥血所著之《海国图志》和《圣武记》，不但没有唤醒沉睡的中国，反而成为帝国主义国家——特别是日本入侵中国的参考书。

毛泽东与魏源在战略思想上是相通的，基于近代中国的处境，他们发明了以弱胜强的战略战术，这就包括诱敌深入、防御战中的进攻战、集中优势兵力以歼灭敌人，以及"打到敌人后方去"，等等。

魏源的战略思想不为当时所用，这是中华民族的大悲剧，但他的思想最终在毛泽东手里发扬光大，并形成了中国革命战争的宏图战略，这则是中华民族之大幸。

在战略方面，毛泽东从魏源那里学到了很多，而且，毛泽东与魏源对中国士大夫阶级痼疾的诊断也是一致的。

魏源的名言是："自古有不王道之富强，无不富强之王道。"儒家和士大夫阶级空谈了几千年王道，却使王道脱离了富强。这是历史的大悲剧。

毛泽东则以一种特殊的方式实现了王道与富强的统一，更把这种"王道"建立在一支前所未有的军队的基础上，这支军队叫中国工农红军。

1927 年 10 月，毛泽东率领经过三湾改编、确立共产党对军队领导的秋收起义不到 1000 人的部队，到达井冈山。这支军队原本号称工农革命军第一军，但由于人数实在太少，于是，改叫了第一师第一团。

毛泽东在井冈山起家，他依靠的是一支历史上从来没有过的军队，这支军队后来被称为"人民子弟兵"。

"人民子弟兵"这个名称的精髓，深深地植根于中国历史上的军事制度。因为"子弟"这种说法，所面对的是"父老"。刘邦入咸阳，曾经"与父老约法三章"，而项羽兵败垓下，也曾经说了这样一句话："无颜见江东父老。"

日本思想家宫崎市定认为，以为毛泽东凭一个人的天才就改变了中国，这是因为人们不了解毛泽东是站在了中当兵光荣，光荣者才能当兵。这幅画用河北民间的"打烁花"表演，来烘托"妻子送郎上战场，母亲叫儿打东洋"的场面，具有中国乡土气派。

1937年清明，国共两党共祭黄帝陵，毛泽东撰《祭黄帝文》，表达了振奋中华民族武德的壮志。其中写道："赫维我祖，命世之英。涿鹿奋战，区宇以宁。岂其苗裔，不武如斯：泱泱大国，让其沦胥？东等不才，剑屦俱奋。万里崎岖，为国效命。频年苦斗，备历险夷。匈奴未灭，何以家为？"

国多少圣贤的肩膀上。毛泽东的伟大，不过是他使得"中国道路"得以延续，并发扬光大。

亚里士多德说，善政的基础是美德，之所以要对从政者进行严格的纪律约束，就是为了使他们保持美德。同样，军队的战斗力也来自军人的美德，而对军人进行严格的纪律约束，就是为了使军人保持这样的美德。

在奔赴井冈山途中，毛泽东为他的部队规定了行军纪律：行动听指挥；打土豪要归公；不拿老百姓一个红薯——这就是著名的《三大纪律八项注意》的雏形。

1927 年 11 月，军官教导队在宁冈龙江书院创办，吕赤任队长，毛泽东主持授课，这就是后来的红军大学、抗日军政大学和今天的国防大学的前身。

"军队是所大学校。"毛泽东不仅创立了中国工农红军，而且，他更振奋了中华民族的武德。

在毛泽东的革命兴起之前，中华文明的武德，差不多已经失落近千年了。

大致说来，春秋时代，军人以贵族为主，自然是很被尊重的，故而有"武士"和"武德"之说。而军人、武士被尊重，并不是因为他掌握暴力，而是因为他有能力制止暴力。

当兵光荣、光荣者方能当兵，这是共产党在中国所造成的新气象，而一切不抱偏见者，便不能不承认这种事实。共产党的一个伟业，就是结束了落后挨打，毛泽东的一个成就，就是振奋了中华民族的武德。《三大纪律八项注意》，这就是"武德"的体现。以人民战争之汪洋大海，制止了帝国主义旷日持久的暴力，划分出三个世界的蓝图，这就是人间旷世之武德。

从 1927 年到 1929 年，就是在井冈山这个地方，红军克服了难以想象的困境，战胜了数倍于己的敌人，由原来的 1000 人，发展到了 4000 多人。

毫无疑问，这是人类军事史上的奇迹，造成这一奇迹的，就是毛泽东"人民子弟兵"的建军思想，它最终凝结为著名的《三大纪律八项注意》。

1956 年 11 月 15 日，毛泽东在中共八届二中全会上讲话。他说："我们有一位将军主张军队要增加薪水，有许多同志赞成，我就反对。他举的例子是资本家吃饭五个碗，解放军吃饭是盐水加一点酸菜,他说这不行。我说这恰恰是好事。你是五个碗，我们吃酸菜，这个酸菜里就出政治，就出模范。解放军得人心就是这个酸菜。"在那次讲话里，他说了著名的话："人是要有一点精神的，无产阶级的革命精神就是由这里头出来的。"

1965 年 8 月 3 日，毛泽东接见法国文化事务国务部长马尔罗。马尔罗问："我认为在毛主席之前没有任何人领导农民革命获得胜利，你们是如何启发农民这么勇敢的？"毛泽东回答："这个问题很简单。我们同农民吃一样的饭，穿一样的衣，使战士们感觉我们不是一个特殊阶层。我们调查农村阶级关系，没收地主阶级的土地，把土地分给农民。"

这不禁令人想起柏拉图在《理想国》中的名言：共同体的守护者是灵魂里有黄金的人，因此，他们不需要现实世界里的金银。

067

第九章

红军仅以打仗
来彰显"存在感"，是正确的战略吗？

在创立红军时，毛泽东运用了中国传统思想的精华。随后，他力图用马克思主义的思想来塑造这支军队。

在当时的红军领袖们看来，红军的任务就是埋头打仗，就是以打仗扩大红军的影响力，用今天的话来说，也就是以打仗来彰显红军的"存在感"。对于红军斗争的目的究竟是什么，则非常茫然——这就是毛泽东批评过的"纯粹军事思想"的统治。

毛泽东的特殊性在于，他把战争升华为哲学，他是军人中的思想家，是思想家中的战略家。

毛泽东希望红军成为一支有思想、会思考的军队，这就是所谓"思想上建军"。

所谓"有思想、会思考"，包括以下四个方面：第一，善于总结战争的规律。毛泽东认为，红军应该通过具体的战役总结战争的规律。能够把战役、战术这种"看得见"的东西，通过思考上升为"战略"这种"看不见"的东西。

第二，红军应该了解中国社会发展的规律。第三，红军应该了解世界发展的规律。第四，红军应该善于运用上述这三种规律，来分析当前面临的形势。

所谓形势，是指矛盾中的发展变化。形而上学的机械世界观认为矛盾是均衡的，就如数学中的正数与负数，物理学里的作用力与反作用力那样，而毛泽东则认为，矛盾是不均衡的，矛盾着的双方有大小、强弱之别，有主要矛盾和次要矛盾，有矛盾的主要方面和次要方面。只有从这种矛盾不平衡的视野去看，才能发现中国的现实是敌强我弱，是"强大的敌人和弱小的红军"，而在敌我双方这对矛盾中，敌人是主要方面，我们革命者则居于次要方面。

我们闹革命，就是要使矛盾的次要方面上升为主要方面，因此，我们的战略，就是要找到我们自己这个"次要方面"的长处，并把这个长处发挥出来。毛泽东说，这个长处就是"土地革命和人民的支持"。同时，还必须找到敌人这个"矛盾的主要方面"的弱点，那就是敌人统治的薄弱环节，要使敌人疲惫、麻痹、松懈。

但是，当时的红四军，却对毛泽东所极端重视的这些"规律性"的东西很少思考。红四军是从失败中走出来的，部队四处转战，连停留整训的时间都没有，自然无暇思考毛泽东提出的那些"大问题"。毛泽东说，这就不免使红军陷入了"游击主义"和"流寇主义"。

在毛泽东看来，由于不掌握战争的规律、社会发展的规律，红军的领袖们还不是马克思主义者，而只是一些"经验主义者"。

让当时的红军理解毛泽东，并不是一件容易的事。

毛泽东在红军中的地位并不是从一开始就非常稳固的，他的战友们并不是与他在各方面都有着共同语言的。

1929年6月，红四军在龙岩公民小学召开党的第七次代表大会，会议没有接受毛泽东对于红四军中存在问题的批评，并认为毛泽东存在着严重的"家长制"作风，把自己的意志凌驾在红四军之上。

大会最终选举陈毅、朱德、毛泽东、林彪、傅柏翠、伍中豪等13人为新的前敌委员会委员，选举陈毅为前敌委员会书记。会议决定，毛泽东离开红四军的主要领导岗位，到闽西休养，并指导地方工作。毛泽东第一次被从红军的领导岗位上赶下来。

会议结束后不久，毛泽东病倒了，他发了疟疾。

不过，病中的毛泽东没有表现出丝毫的消极落魄，他写了一块匾额，挂在不足10平方米的小屋门上，命之曰：

饶丰书房。当得知毛泽东下乡时身边只有 5 块钱时,红四军第四纵队司令员傅柏翠送来了 300 大洋,毛泽东却说,现在部队正是用钱的时候,我现在只是休养,不需要钱,并把钱退了回去。

病中的毛泽东四处找书读,甚至还找到了一本《模范英语读本》。他经常在自己的"书房"里念英语,大家总是被毛泽东充满湖南口音的英语发音逗得忍俊不禁,毛泽东则毫不介意,继续他大声的朗读,旁若无人。

1929 年 9 月,红军攻克上杭。在朱德主持下,红四军在上杭县城太忠庙召开了党的第八次代表大会。当时的毛泽东正发疟疾,全身浮肿,写信向大会请假,红四军八大代表却以为他是在闹情绪,没有批准他的假条,于是,重病的毛泽东被担架抬到了会场。

当时的毛泽东,境遇甚是可怜。

此时的红四军正值大胜之后,但是,对红军下一步的行动是什么,红军究竟该往何处去、如何发展,则莫衷一是。会场里,"骄兵悍将"们吵成一团,前敌委员会也拿不出一个行动方案,甚至连朱德也控制不了局面。

毛泽东关于红军即将陷入经验主义和纯军事主义的预言,终于成了现实。

在会场外一棵大树下，朱德与躺在担架上的毛泽东进行了一次推心置腹的长谈。面对队伍中的乱象，朱德终于开始理解毛泽东关于在军队中进行党的建设的主张。

这一年的 10 月，毛泽东复职。11 月，毛泽东主持召

红军时期的毛泽东和朱德。1942 年，朱德在延安文艺座谈会上讲话时说："我原来不是无产阶级，因为无产阶级代表的是真理，我就投降了无产阶级。我投降无产阶级，并不是想当总司令。我只是替无产阶级打仗、拼命、做事。后来仗打多了，事情做久了，大家就推我做总司令。"

开中共红四军前委扩大会议。针对部队所存在的松散情况，大家一致认为，红四军此时如果不加以整顿和训练，如果不通过整训统一思想，那么这个队伍就没有办法带下去了。

1929年12月，经毛泽东提议，在上杭古田镇召开了著名的古田会议。

毛泽东选择这里作为开会的地点也是有深刻用意的，他的用意就是要把红军办成一所"大学校"。

在毛泽东看来，当时的红军是一支不讲政治、没有思

古田会议旧址。原为廖家祠堂，门口有一副对联：学术仿西欧开弟子新智识，文章宗北郭振先生旧家风。

想的军队。这样的队伍，是走不远的。

这次会议在红军内部，第一次进行了严肃的批评与自我批评。

古田会议，是人民军队历史上第一次思想会议。会议系统地解决了以农民为主要成分的军队如何建设成无产阶级领导的新型人民军队这个根本性问题。这样的军队是中国过去历史上不曾有的。会议选举毛泽东为新的前敌委员会书记。

根据毛泽东的提议，古田会议的会址和声小学，在会后更名为"曙光小学"。

正像柏拉图那样，毛泽东区分了"可视的"与"可知的"。他把在经验主义的阴暗洞穴里摸索的红军，带到了思想和真理的阳光下。

正是从古田的曙光中出发，红军成为一支有文化、有思想的军队，成为一支马克思主义思想武装起来的军队。

"胜利从古田走来"，这就是因为思想建党、政治建军原则从古田走来。

第十章

毛泽东的经济学是什么？

075

1931 年 11 月，毛泽东在瑞金当选中华苏维埃共和国临时中央政府主席。

毛泽东这位"主席"上任伊始，苏区所面临的经济状况是怎样的呢？

苏区所面临的头等问题，实际上就是毛泽东所说的盐很贵，而且有时还买不到，同时谷价的波动也十分剧烈。

经济封锁，是现代战争的基本形式。而打破敌人对于资源、资本和人心的垄断，这就是我们经济工作的实质。

于是，毛泽东认为，苏区面临的最根本的经济工作，就是发展金融与商业。

苏区为什么必须发展商业呢？这就是因为苏区被敌人所封锁，而最根本的两项生活资料，或者两大商品——粮食和食盐都垄断在奸商的手里，奸商和敌人利用了这种封锁，从经济上剥削我们。

开门七件事，柴米油盐酱醋茶。"自古无不富强之王道"，王道之资曰食货，足兵足食为治天下之具，切实解决人民的生产生活问题，这就是行王道。

粮食与食盐的问题，究竟该如何管呢？毛泽东认为，苏区政府必须参与到粮食和食盐的经营中去，以打破私商的垄断。

正是在毛泽东的倡议下，苏区成立了粮食调剂局和对外贸易局这两个重要机构。同时，毛泽东主张发展合作社，普遍建立谷仓和备荒仓。

毛泽东采用现代金融手段推动这些经济建设的方略。

早在安源罢工期间，毛泽东就在易礼容的协助下，发行了中国第一张由工人持股的"红色股票"。在苏区，毛泽东则发行了350万元的经济建设公债，变政府财政为资本投资，使"死财政"变成了"活财政"，使政府的投资成为壮大苏区财政的活水。

这充分表明，在中国和当时的苏区那样落后的条件下，毛泽东的经济思想却是极为超前的。特别是，毛泽东比我们更早地认识到，现代经济不是简单的商品经济和货币经济，而是信用经济，商品经济与货币经济的发展，必须建立在信用的基础上。因此，发行公债、掌握资本，这是经济发展的根本前提。

这也表明，毛泽东比许多马克思主义者都更为清醒地认识到，马克思所反对的是资本主义，而不是资本，马克思主义经济学的一个重要任务，就是使资本为人民服务、为劳动服务，是摆脱少数人垄断资本那样一种情况。

资本是信用，信用的基础是人民的信任，人民的信任是战胜敌人的铜墙铁壁，也是经济发展的真正基础。

因此，除了经济工作，特别是金融与商业工作之外，毛泽东在苏区极其重视的，便是社会工作。

什么是社会工作呢？用今天的话来说，就是"民生"的工作；用毛泽东的话，就是解决老百姓的生活问题。

毛泽东认为，苏区制度的优越性，就表现在它把满足普通劳动者的基本需求放在第一位，这就是他所谓"解决群众的生产和生活的问题，盐的问题，米的问题，房子的问题，衣的问题，生小孩子的问题，解决群众的一切问题"——而这就是民生与社会工作的重要意义所在。

面对蒋介石在五次围剿中采用的"堡垒战"，毛泽东说了如下的名言：

国民党现在实行他们的堡垒政策，大筑其乌龟壳，以为这是他们的铜墙铁壁。同志们，这果然是铜墙铁壁吗？一点也不是！你们看，几千年来，那些封建皇帝的城池宫殿还不坚固吗？群众一起来，一个个都倒了。俄国皇帝是世界上最凶恶的一个统治者；当无产阶级和农民的革命起来的时候，那个皇帝还有没有呢？没有了。铜墙铁壁呢？倒掉了。

同志们，真正的铜墙铁壁是什么？是群众，是千百万真心实意地拥护革命的群众。这是真正的铜墙铁壁，什么力量也打不破的，完全打不破的。反革命打不破我们，我们却要打破反革命。

在当时的教条主义者看来，打仗是第一位的，为了打仗，不惜多征粮食，不惜使苏区人民的生活陷入困顿。而在毛泽东看来，只有改善人民生活，才能使革命者得到人民的衷心拥护，才能使苏区和红军壮大。因此，在苏区"毛主席"看来，那些善于抓经济工作的干部，那些善于做群众工作、关心民生的干部，才是共产党的好干部。

正是因为以毛泽东为代表的一大批好干部忍辱负重地工作，苏区的经济和民生才得到发展，老百姓才发自肺腑地拥护共产党，并把自己的子弟送到红军的队伍里。

在普通老百姓眼里，毛主席就代表着共产党，就代表着那个"解决群众的生产和生活的问题，盐的问题，米的问题，房子的问题，衣的问题，生小孩子的问题，解决群众的一切问题"的共产党的形象。

老百姓是很务实的，老百姓又是很无私的。

1952年，中央慰问团代表毛主席重回江西看望苏区人民，一位86岁的老汉，步行80里山路赶来，非要见见慰问团团长。得知老人的两个儿子都在红军队伍里牺牲了，团长便问老人说，老人家，您需要我们帮助些什么？老人说，不需要帮助，我就是想要一张毛主席像。

这位瘦骨嶙峋的老人，临走前留下一句话说，替我捎信给毛主席，多多保重，毛主席一走，我们穷人就没指望了。

以心换心，这就是毛泽东所说的铜墙铁壁，这就是毛泽东所说的共产党人的活菩萨。

081

第十一章

从何时起，长征方才由被迫转移，
变成了一部史诗，变成了一部传奇？

在1931 年 1 月召开的中共六届四中全会上，以王明为首的"左"倾机会主义者把持了中央领导权。为了尽快控制全国各地的党组织和红色根据地，王明采取了派中央代表去各根据地"夺权"的办法。

1934 年 1 月 15 日~18 日，27 岁的博古在中共六届五中全会上当选总负责。毛泽东没有参加这次会议，他在红军中的领导权已经被剥夺，当时的地位十分边缘。陈毅元帅后来回忆说："毛主席是一个……受过侮辱、冤枉和虐待的人……他被撤过职，受过党内审查，被宣布为机会主义者，蒙受耻辱，被送往后方休养。没有人去看望他，因为谁也不敢接近他。"

自 1933 年 5 月博古开始领导红军以来，在短短的一年半不到的时间里，红军在第五次反"围剿"中全面失败，共产党丧失了最大的红色根据地——中央苏区。

1934 年 10 月，红军被迫长征。

长征是在红军斗争严重失败的情况下被迫举行的。由于当时的中央做出决定时的仓促和草率，红军直奔湘西，而这与蒋介石对红军动向的判断完全一致。于是，蒋介石在沿途精心布防，为红军设置了四道封锁线。

在毛泽东看来，走那条路，等于跳进蒋介石挖好的陷阱，这无疑就是让红军去送死。

但是，当时的毛泽东连政治局常委都不是，他的意见不可能被采纳，红军失败的命运已经注定。于是，毛泽东只能眼睁睁看着红军走向绝境。

长征一开始，红军所陷入的是一种前有堵截、后有追兵，天上敌机轰炸，完全暴露在敌人火力下，而行动意图又被敌人所掌握的最不利的局面。在突破了三道封锁线之后，红军终于倒在了第四道封锁线上——这便是湘江战役。

红军战士的鲜血染红了湘江，湘江变成了一条红河。湘江一战，红军由出发时的86000人，减员到了30000多人。

湘江失利，红军和中国革命到了生死存亡的关头。

而这时，博古、李德却仍按原定计划，拉着这支疲惫不堪的队伍继续北上湘西，继续跳蒋介石挖好的陷阱。

关键时刻毛泽东拍案而起。他指出，要想跳出蒋介石的围剿，首先就必须从束缚红军的教条主义中跳出来，必须使思想冲破牢笼，向敌人意料不到的地方前进。

按照毛泽东的意见，红军随后掉头向西，进入贵州。正如毛泽东所预见的那样，自长征以来，红军第一次没有遇到像样的抵抗，就迅速地占领了遵义城。

遵义是红军长征以来所占领的最大的一座城市。

1935 年 1 月，大难不死的中国共产党在贵州遵义召开中共中央政治局扩大会议，并做出了著名的遵义会议决议。

遵义会议最为"破格"的地方，就是选举毛泽东为中央政治局常委，这是毛泽东第一次当选中央政治局常委。

遵义会议旧址。遵义会议结束后，在三渡赤水河途中，中央政治局决定组成毛泽东、王稼祥、周恩来三人军事指挥小组。

遵义会议最为光辉的地方，就在于完成了伟大的军事创新，即以运动战和立足于山地的游击战，破除了李德所奉行的平原上"大炮对大炮、堡垒对堡垒"的西方军事教条；以发挥每个红军战士的机动灵活性和军事民主，代替了僵化的垂直指挥系统。

遵义会议最伟大的地方，就在于确立了人民战争的战略思想。红军打胜仗，人民是靠山，依靠当地人民的支持，红军方才冲破了蒋介石的包围圈。

而遵义会议的根本意义，就在于确立了以毛泽东为代表的新的中央的正确领导。

由于摆脱了教条主义的束缚，由于军事路线和思想路线的创新，随后的长征，方才由被迫转移，变成了一部奋进的史诗，真正变成了一部传奇，而其中最具有传奇性的，便是夺取大渡河上的泸定桥。

"大渡桥横铁索寒。"大渡河水深流急，当地一个著名的说法是，云南人希望把木材运到对岸的四川，但由于水流和乱石的撞击，木材在江心变成了碎片。

无论是从云南入川，还是从四川入滇，大渡河都是古来的绝境，深入到这样的绝境——红军能够置之死地而后生吗？

当红军赶到大渡河边的安顺场的时候，发现川军和滇军以密集的火力封锁了河的东岸，而蒋介石的追兵离此只有一夜的路程。红军有一条渡船，但一天最多只能渡过一营兵力，而且此时，蒋介石的飞机已经赶来轰炸渡口，这条唯一的小船也不起作用了。

大渡河似乎要成了第二个湘江，这一次红军似乎是在劫难逃了。

毛泽东这位衣衫褴褛、长发飘飘的戎马书生此时说，就在离红军渡河处 120 公里的地方，有一座铁索桥，叫作泸定桥。

随后便开始了人类军事史上那场致命的赛跑：林彪率红一军团主力沿大渡河西岸迅跑，而刘伯承、聂荣臻率红军一部沿东岸飞奔。一天一夜徒步长跑 120 公里，两岸火把构成了壮观的火龙。5 月 29 日，红一军团第四团 22 名勇士冒着枪林弹雨突破了泸定桥，随后红军主力全部渡过了大渡河。

清初学者顾祖禹在《读史方舆纪要》中介绍，大渡河上的铁索桥，其实是清代在吐蕃"铁桥镇"的基础上修造的。而这部《读史方舆纪要》是毛泽东在湖南第一师范学校时代十分热爱的著作。

泸定桥。桥名由康熙所定，康熙还为此撰写了《御制泸定桥碑记》。

渡过大渡河之后，中央红军随即翻越了终年积雪的夹金山，到此，红军终于战胜了蒋介石的围追堵截，并最终于 1935 年 10 月 19 日，到达西北革命根据地的吴起镇。至此，红一方面军主力的长征宣告胜利结束。

早在 1934 年 11 月，陕甘边苏维埃政府就成立了，习仲勋任主席，刘志丹任陕甘边革命军事委员会主席。

但是，1935 年 9 月，"左"倾教条主义的执行者在西北革命根据地实行错误的肃反，逮捕了刘志丹、高岗、习仲勋等领导干部，造成根据地的严重危机。

当毛泽东得知消息后，下令立即放人，毛泽东当时愤

1935年10月19日，红一方面军主力到达西北革命根据地的吴起镇，毛泽东向大家宣布：历时一年的长征结束了。

慨地说，你们这些人做了敌人想做而不能做的事情。

如果没有刘志丹、谢子长、习仲勋等，就没有西北根据地，红军长征就没有落脚点。

长征是什么？毛泽东说，长征靠的是"那么一股劲，那么一股革命热情，那么一种拼命精神"。

毛泽东后来更这样说：

我们要保持过去革命战争时期的那么一股劲，那么一股革命热情，那么一种拼命精神，把革命工作做到底。

革命党嘛，以不饿死人为原则。人没有饿死，就要做革命工作，就要奋斗。一万年以后，也要奋斗。共产党就是要奋斗，就是要全心全意为人民服务，不要半心半意或者三分之二的心三分之二的意为人民服务。革命意志衰退的人，要经过整风重新振作起来。

因此，习近平主席这样告诫说："每一代人都要走好自己的长征路。"

长征就是这样写在了亚洲的原野上，写在了人类的历史上。

枯瘦的面容、先知的目光、革命家的腿。毛泽东长征时代的形象，就是这样写在了中国人民的心里。

第十二章

**为什么说毛泽东的著作是
鲜血铸成的经典?**

1937 年 4 月 ~ 8 月，毛泽东在延安抗大当起了教员，他教的课目叫"新哲学"。

刚刚结束了两万五千里的长征，便在黄土高坡低矮的窑洞里，在陕北炽热而明亮的太阳下大谈哲学，这是何等的境界。

因为听众踊跃，课程安排又太紧，所以，毛泽东的备课任务非常繁重。毛泽东居住的窑洞炕上有一个白铁皮的箱子，那是他平时放文件用的，而每到晚上，毛泽东就趴在这个铁皮箱子上，在煤油灯下写他的讲稿，往往通宵达旦。

夜以继日呕心沥血，加上烟熏火燎，毛泽东看上去成了一个黑脸的包公。

看到毛泽东备课写作十分辛苦，他的警卫员贺清华便跑了 60 里山路，买了一只鸡和一串辣椒，毛泽东吃饭时发现有鸡，便问是哪里来的，贺清华说，看您晚上写文章不睡觉，脸都黑了，所以就去搞了这个菜。毛泽东道，讲课、

　　毛泽东在抗日军政大学演讲。1937 年 4 月，他为抗大题词：
团结、紧张、严肃、活泼。

写文章是十分高兴的事，我并不觉得苦，再说现在大家都很苦嘛，以后不许这样搞了。

几天后的一个傍晚，贺清华跟随毛泽东散步。在一片荒地上，毛泽东停住了脚，指着一种茎秆很高，长着圆叶，开着蓝花的野草说，这个叫冬苋菜，可以吃，以后买不到菜，就吃这个吧。

从那以后，贺清华和其他警卫战士就常去采冬苋菜，毛泽东看到碗里有这菜，便高兴地说，这是很好的菜嘛！

毛泽东三个多月的授课成果，凝聚为两篇划时代的文献——《实践论》与《矛盾论》。这两篇文献，展现了毛泽东作为思想家的伟大形象。这两篇改变了人类思想史的文献，是毛泽东吃着野菜写成的。

那一年，毛泽东44岁。

1936年，埃德加·斯诺为毛泽东拍了一张著名的照片。1937年，海伦·斯诺把这张照片交到了毛泽东手上，她后来回忆说："毛看后大吃一惊，几乎从椅子上摔下来。不过，他随即站起来说，'我不晓得我看起来会像这个样子'。"

海伦·斯诺美貌绝伦，在好莱坞，她被误认成电影明星琼·贝内特，她的照片被陈列在橱窗里，但是，她认为天下最有魅力的人是毛泽东，"他具有伟大思想家和雄辩家

这就是埃德加·斯诺为毛泽东拍的那张著名的照片。

的魅力与风度，他的性格，有着磁石般的吸引力"。

法国哲学家路易·阿尔都塞在《保卫马克思》一书中说，毛泽东的两篇著作《实践论》和《矛盾论》，把马克思主义和人类思想推向了新的高度。

《实践论》言简意赅，它讲了四个方面的问题：第一个问题是经验论，第二个问题是唯理论，毛泽东通过讲述这两个问题，对旧的认识论做了一个总结。

《实践论》讲的第三个问题是"实践"——这就是马克思主义认识论的核心，是毛泽东所谓的"新哲学"、新认识论。

在第四个问题中，毛泽东提出，认识不仅是"解释世界"，实践也不仅是马克思所说的"改造世界"，实践，是在"改造世界"的过程中，不断改造革命者自身。

毛泽东后来这样说到社会主义实践：

> 在建设社会主义社会的过程中，人人需要改造，剥削者要改造，劳动者也要改造，谁说工人阶级不要改造……工人阶级要在阶级斗争和向自然界的斗争中改造整个社会，同时也就改造自己。工人阶级必须在工作中不断学习，逐步克服自己的缺点，永远也不能停止。拿我们这些人来说，很多人是每年都有一些进步，

也就是说，每年都在改造。我这个人从前就有过各种非马克思主义的思想，马克思主义是后来接受的。我在书本上学了一点马克思主义，初步地改造了自己的思想，但是主要的还是在长期阶级斗争中改造过来的。而且今后还要继续学习，才能再有一些进步，否则就要落后了。

不过，在路易·阿尔都塞看来，毛泽东更伟大的著作是《矛盾论》，他甚至认为，《矛盾论》推翻和颠覆了整个西方思想史和哲学史。

这是因为：古希腊哲学的矛盾论认为，矛盾着的双方是对等的、均衡的，毛泽东则认为矛盾的双方是不对等、不均衡的，而毛泽东毕生总是选择站在不对等的矛盾的弱小、弱势的一方。黑格尔的矛盾论认为，矛盾中强大的一方具有决定性作用，毛泽东则指出，强是弱变来的，小是大变来的，弱者可以战胜强者，被压迫的阶级一旦觉悟起来，就不但能够掌握自己的命运，而且可以决定统治阶级的命运。

《实践论》《矛盾论》修改了"哲学"的含义。此前，哲学所追求的是永恒不变的存在，而毛泽东的哲学则具有彻底的革命精神。

在《漫长的革命》中，斯诺写道，他曾经问毛泽东："从1927 年起，你就为学习战争的艺术而非常忙碌，在 1937 年之前，你是否有时间读过黑格尔的著作？"

毛泽东说，他读过黑格尔的著作，在这以前还读过恩格斯的著作，但是，如果没有革命战争的经验教训，他是完全不可能写出《中国革命战争的战略问题》这种著作的。毛泽东后来说过，我的书哪里是我写的，那是从革命者的流血牺牲中得来的，那是血写的。

毛泽东的著作，包括他的《实践论》和《矛盾论》正是从流血牺牲的经验和教训中得来的，那是鲜血铸成的经典和丰碑。

第十三章

远藤三郎为何
把祖传的宝刀献给了毛泽东?

099

1937 年 8 月，中国工农红军改编为国民革命军第八路军。抗战伊始，中国军队在平型关和台儿庄打了胜仗。

随即，噩耗源源不断地传来，徐州会战失利，南京沦陷，日寇在南京进行了惨绝人寰的大屠杀，随后就是武汉保卫战失败。

1938 年 5 月，毛泽东再次把自己关在窑洞里。他九天九夜没有出窑洞，除了稀饭和咸菜外，就是不停地抽着劣质的纸烟，埋头写作，以至于连棉鞋被火盆烤着了，他也浑然不觉。警卫员贺清华后来说，九天九夜不睡觉，就是铁人也要熬倒了啊，主席当时真是拼了命了。

第十天，当窑洞门打开的时候，毛泽东整个人已经僵得不能动弹了，他连呼手疼，贺清华打来一盆热水，让毛泽东泡手，好久才缓过劲来。

毛泽东就是在这九天九夜里写成了《论持久战》。

毛泽东在延安窑洞写《论持久战》。

冯玉祥得到这本书后，立即自费印了 3000 册，分送国民党要人。白崇禧把《论持久战》送给了蒋介石，这一次，连蒋介石也不能不赞同毛泽东的战略思想了。

1956 年秋，前日本关东军参谋本部课长、前日本航空本部总务部长远藤三郎，在北京见到了他毕生最崇敬的对手毛泽东。

就在那一次会见中，远藤三郎把祖传的宝刀献给了毛泽东。宝刀出自 14 世纪日本镰仓时代的"国匠"×国光之手，是远藤 14 岁加入日本少年军校时，祖父赠给他的传家宝。

战后，远藤三郎平日闭门不出，苦苦思考着日本战败的原因。无论在军事、国力乃至"文明程度"上，日本都远高于中国，被中国打败，如何能令日本人服气呢？直到他读到了毛泽东的《论持久战》。远藤三郎说，自己"觉悟在一夜之间"。

那么，在这"一夜之间"，远藤三郎究竟觉悟到了什么呢？

矛盾的不平衡性告诉我们：在中日矛盾中，日本是强的一方，中国是弱的一方，但是，事物的革命性发展却并不是强的一方战胜和决定弱的一方，而是恰恰相反：是弱的一方战胜和决定强的一方。

指导中国人民抗日战争最终走向胜利的著作。

那么，这种革命性发展为什么是可能的呢？

《论持久战》说明了三个问题：第一，中日之间的较量不是单纯的军事较量，而是政治较量，战争不过是流血的政治。如果中国能够进行全民族的政治动员，并用先进的政治思想武装自己，使人人同仇敌忾，则中国在政治广泛动员方面的优势，就可以弥补军事上的劣势。第二，中日之间的较量，不是简单的现代化程度的较量，从根本上说，是人的意志的较量。第三，中日之间的较量，也不是简单的国与国之间的较量，而是全球战略的较量。

与中国相比，日本在政治、意志和全球战略三方面均不占优势。

就现代战争的一般方式而言，海战和空战比陆战有优势，拥有强大海空军的日本比中国有优势，但是，具体的实际情况则不然。毛泽东指出，陆地战争与海战、空战不同，海战、空战是职业军人和先进武器的比拼。而在陆地上，侵略者践踏焚毁的是人民的家园田舍，这就使国家战争变成了人民战争，人民是在自己的土地上为保卫家园而战，这就是全民皆兵，人自为战，村自为战，从根本上说，人民战争是超常规战争。

知彼知己，百战不殆。在毛泽东看来，日本的战略并非不清晰，恰恰相反，日本的战略一开始就是深谋远略，非常清晰的，柿子拣软的捏，首战找弱敌打，从中路突破，进攻最弱势的中国，然后以中国为基地，逐步向两翼（太平洋和西伯利亚）展开——这本是极为精明的战略。

然而，百密一疏，在这个精心的战略布局中，日本唯一没有想到的是，中国会抵抗，而且会如此长时间、如此持久、如此顽强地抵抗。

正是中国的长期抵抗，使日本陷入了首战不利的兵家大忌；正是中国的抵抗，使日本陷

日本侵略者疯狂掠夺中国资源，矿井塌陷造成数千名矿工葬身井下，这幅画表现的是矿难发生后，矿工家属赶来收尸的悲惨场景。

入到久拖不决的战争泥潭中。从此之后，日本只能是步步被动，再也不能采取主动的战略。

因此，根本的问题就在于，日本为什么竟然没有想到中国会抵抗，而且会如此顽强持久地抵抗。

日本战后杰出的思想家竹内好，在他的著作《近代的超克》中说，日本之所以自夸比中国优秀，无非是日本自以为是"西方的好学生"，但是，这样的所谓"好学生"，却是为鲁迅所不齿的"弱者"和奴才。

鲁迅这样说："勇者愤怒，抽刃向更强者；怯者愤怒，却抽刃向更弱者。"

在竹内好看来，日本恰恰就是这样的真正的弱者。自明治维新以来，日本就是西方列强的奴才，日本自己不但在西方面前不抵抗，而且，被幕末"明治志士"们奉为"宗师"的吉田松阴反而提出了所谓"得失互偿论"，即"失之于欧美，补偿于邻国"，这当然就是"受到强者的欺凌，而抽刃向更弱者"。

毛泽东的中国"抽刃向更强者"——毛泽东的道德，这才是真正的"强者的道德"。

竹内好说，日本之所以不懂得人民战争是超常规的，就是因为日本只认西方道路为"常规"，不知道西方的价值并不普世。西方所说的"平等"，不包括其内部的无产阶级

　　毛泽东在延安给干部作报告。穿着补丁裤子的毛泽东宣讲的
"坚定不移的政治方向，艰苦奋斗的工作作风，机动灵活的战略
战术"，成为中国共产党的行动指南。

和外部的殖民地人民，因此，被压迫人民，被压迫民族必须起来革命，才能求得真正的"平等"。

竹内好还说，一贯追随世界强权的日本，在历史上只是一味地模仿中国和西方，把中国和西方的问题当成了自己的问题，日本从来没有用自己的头脑思考过自己的问题，因此，日本没有"自我"，"日本什么都不是"。

读了《论持久战》之后，远藤三郎方才知道什么是真正的"东方价值"。

远藤三郎后来这样说，真正的"东方价值"就是抵抗强权，武的意义是"止戈"，"止戈"才是军人的道德，即"武德"。这就是《论持久战》中所指出的——"为永久和平而战"。

帝国主义的实质就是战争，只有通过抵抗斗争才能制止帝国主义战争，而空谈用"东方道德"批判"西方文明"是无济于事的。

竹内好还说：面对西方的冲击，日本是"转向型"，即未加反思就认同了西方霸权；而中国则是"回心型"，即在抵抗西方强权的过程中，不断改造自我，从而走出了一条中国道路。

从这个意义上说，以毛泽东思想为代表的中国现代文明，比日本和西方文明都先进。

第十四章

为什么长期领先于世界的中国
在近代陷入了落后挨打的困局？

蒋介石是个沉不住气的人，对这个问题，自然是他率先给出了答案。

1943 年，蒋介石出版了由陶希圣捉刀代笔的著作《中国之命运》——从明代的崩溃开始反思中国历史。

他认为，明代的灭亡，标志着中国固有道德——"八德四维"的崩溃。

明亡的原因究竟何在呢？蒋介石说，明朝灭亡的原因，是因为它"一败于外寇，二败于流寇"，即一败于满清，再败于李自成。

在当时的语境下，便形成了这样的说法，国民党应该先与"外寇"日本妥协和谈，然后一举消灭"流寇"共产党。

而在当时的中国思想界，敢于与蒋介石以及诸位"大儒"们公开唱反调的，只有郭沫若的《甲申三百年祭》。

郭沫若的《甲申三百年祭》认为，明既非亡于"外寇"，也非亡于"流寇"，而是亡于自身的腐败。

郭沫若的文章说到了国民党的痛处。

1942年，美国宣布对华贷款5亿美元。国民党政府先是决定将这笔美元存在美国，随时用于结汇，以稳定汇市。随后，又决定将此贷款用于购买美国货物，来华生利。于是，国民政府就是这样自己做起了战时投机生意，而这笔贷款的相当部分，便沦为当局经办者自行购物，特别是在美国投资不动产，此即所谓"发国难财"一说的由来。

经济学家马寅初不过提出要对这笔"国难财"征税，不料此论一出，马寅初反被政府囚禁于重庆歌乐山。马寅初这样感慨说，国民政府口头上奉的是孙中山先生"天下为公"宗旨，实际执行的是"地上为私"四个大字。

郭沫若在《甲申三百年祭》里的名言是，面对天下饥荒，人民陷入水火之中，"聚敛"的是官家，"救灾"的却是"寇家"，于是，朝廷是在"用兵剿寇"，而百姓却是"望寇剿兵"，人心所向，明朝必亡。

实际上，在当时的中国，只有共产党领导的陕甘宁边区是唯一的一块净土。陈嘉庚先生造访延安后，对比国民党统治区，他感慨地说，延安有十没有："这里一没有贪官污吏，二没有土豪劣绅，三没有赌博，四没有娼妓，五没有小老婆，六没有叫花子，七没有结党营私之徒，八没有

　　这幅画表现的是毛泽东率领中共中央离开西柏坡"进京赶考"时的情景。画面中的毛泽东伸出两个手指，仿佛在讲"两个务必"（务必使同志们继续地保持谦虚、谨慎、不骄、不躁的作风，务必使同志们继续地保持艰苦奋斗的作风）。

萎靡不振之气，九没有人吃摩擦饭，十没有人发国难财。"

延安没有物质生活的腐败，延安"只见公仆不见官"，这就是延安作风吗？

在毛泽东看来，这还远远不是"延安作风"的实质。

在毛泽东看来，中华民族的历史实在是太曲折了，中国近代的遭逢实在是太沉痛了，要避免中国和中国文明陷入周期性腐败，就必须从根本上解决两个问题：第一，中国历史上，上层与下层完全脱节的问题；第二，中国上层社会在精神及思想作风上的懈怠和麻痹问题。

在毛泽东看来，物质生活上的腐败，只是"看得见的"腐败与堕落，而更加危险的腐败，是思想方式的腐败、行为作风的腐败，以及说话方式——文风的腐败。

中国的历史说明了这一点。中国自宋代以来确立了文官官僚制，使士大夫阶级成为独占的统治力量。然而，与其说士大夫阶级是靠自己的政治、军事和经济能力确立了统治地位，还不如说它是靠推行一种软弱、腐败的文化，弱化了社会各阶级，方才保住了自己独占的统治地位。

中国开化最早，文明领先，但这样的文明古国，为什么会反复地被"蛮夷"们所打败呢？这里的根源就在于对"文明"的形式主义理解。文者，纹也，在中国历史上，文明被理解为雕饰，这是对这种繁文缛节的形式主义追求，束缚了文明化的中国人，使他们对"文明"的追求，脱离了文明的基础与实质——战斗与生产，以及"又战斗来又生产"的人民群众。

与蒋介石不同，毛泽东并没有鄙视元、清为夷狄。恰恰相反，毛泽东认为，元和清开创了中华民族的新时代，正是元和清，使中国成为中华，使中华成为横跨欧亚的大帝国。

站在延安窑洞前的毛泽东。

乱中国者，非夷狄也，因为自东汉起，中国的乱源便是贵族和豪族，而构成门阀集团的贵族和豪族，便是一个"官产学一体化"的强大利益集团，而其中的"产"即大土地庄园，又是其世代把持文化教育和官场资源的基础。因此，救天下苍生于水火、挽华夏文明于既倒的唯一途径，便是实行"土地改革"。

毛泽东在延安高级干部会议上，大力推荐郭沫若的《甲申三百年祭》。当时，他说了这样的话，如果不重视这本书中提出的问题，那么，这本书，就将成为诸位的来日之祭。

毛泽东指出，在历史上，朴素的社会战胜"文明"的社会，不脱离生产与战斗的体力劳动者战胜脑力劳动者，下等人战胜上等人，农村人战胜城里人，以及边疆战胜中原，这也是一条规律。因为有知识的人，未必有热情、意志和信仰。因此，文明的进程不仅是一个提升劳动者"素质"、文化水平的过程，也是一个有文化的脑力劳动者需要不断提高自己的热情、信仰与意志力的过程。

不仅劳动者要知识化，提升自己的素质，知识者也要向劳动者学习，提升自己的素质。

1959年，毛泽东在读苏联《政治经济学教科书》的谈话中说：

　　南泥湾大生产。当时的毛泽东也参加开荒种地，每天下午他都和警卫员在自己的地里劳动，毛泽东收获了玉米和西红柿。3年的大生产开荒200多万亩，生产了陕北罕见的棉花和稻米，使南泥湾变成了北国江南。

文化高低和才智大小这两件事情不是一致的东西。旧社会的规律是，被压迫阶级文化程度低，一般地说他们知识少，但是比较聪明些，原因就是他们参加生产劳动，联系社会生活，他们的社会生活知识丰富；压迫的阶级，他们的文化水平高，书读得多，一般地来说他们的知识多，但他们比较愚蠢些，原因是他们脱离生产劳动，脱离社会生活。刘邦能够打败项羽，是因为刘邦和贵族出身的项羽不同，比较熟悉社会生活，了解人民的心理。

社会主义社会里，情况不同了。可是我们还要看到这么一个问题，就是这个社会里的高薪阶层是有危险的，也就是他们的知识虽然多些，文化虽然高些，然而同工人、农民比较起来，他们同样愚蠢些。我们的干部子弟，一般说来，就不如非干部子弟。他们架子很大，优越感很强，可是，没有生产经验，没有社会经验。这个问题我们必须警惕，如果我们及早注意，是可以解决的。

第十五章

毛泽东说作家解决了什么问题，
创作就生动了？

119

1942 年 5 月，著名的延安文艺座谈会在炮火连天的战争期间召开了，在战争期间谈文艺，这在人类历史上，是极其少见的。

毛泽东先是与到会的各位作家逐一握手寒暄，然后落座，当时的人们注意到，毛泽东穿的棉袄破了，一抬手，胳膊肘上就露出了棉花。

毛泽东首先发表称为"引言"的讲话，他一开讲，就立即抓住了作家们的心，全场鸦雀无声，偶尔听众中会爆发出会心的笑声。毛泽东一口气讲三个小时，结束时全场起立，长时间地鼓掌，人们久久不愿散去。毛泽东自己说，真没有想到，大家这样鼓掌，我都不好意思了。

座谈会先后开了 20 多天，闭幕那天，毛泽东又到会作了"结论"讲话，这就是著名的《在延安文艺座谈会上的讲话》。《讲话》阐明了革命文艺为人民群众首先是为工农兵服务的根本方向；强调文艺工作者必须从根本上解决立场态度问题。

毛泽东在结论中的讲话共分五个部分。

这篇讲话最为独特的地方是，全文五个部分，大多都是以"我们"开头的。这表明，毛泽东是在向自己人交心，他把延安的作家们看作自己人。

他说，大家跑到延安来，不仅是因为延安的小米比较好吃；大家跑到延安来，是因为长期受到国民党政治压迫，甚至监禁与屠杀；大家跑到延安来，是为了寻找自由、寻找光明，寻找自由的文艺和自由的创作。

那么，文艺家们理想中的自由和自由写作究竟是什么呢？相当一部分作家认为，这就是表现自我、表现内心、表现普遍的人性。

但是，由于文化资本化，由于文化成为资本主义生产的重要部分，所以，在当代资本主义条件下，所谓个人的文艺，所谓文艺表现作家的个性，这已经是完全不可能了。

资本主义文化生产关心的是利润，根本不是艺术和人性。

在资产阶级文化生产中，所谓的普遍人性，不过是文化制造商算出来的平均数，而这种虚假的人性，掩盖的恰恰是真实的人性，它制造了人人平等的概率假象。

毛泽东指出，摆脱了统治阶级的文学之后，我们也绝

　　毛泽东与参加延安文艺座谈会代表合影。毛泽东认为，人的精神生活由理性和情感构成，作家不但要在理性上，更要在情感上解决为人民服务的问题，只有这样，作品才会生动。

不能走向市场的文学、拜金的文艺——这一点，现在就必须向作家们讲清楚。

毛泽东说，大家到延安来拥护共产党，追随共产党，这不是为了升官发财，这是因为共产党全心全意为中国人民谋自由与解放，因此，作家们服从的不是共产党，因为共产党也是人民群众的小学生，只有人民才是我们的观世音。

于是，只要摆正了自己与人民群众的关系，那么，党与作家的关系，党与文艺的关系就很好解决了。

因此，延安当时真正要解决的问题，并不是什么党与文艺，党与作家的关系问题，我们开座谈会，所要真正解决的问题，其实是我们这些人与人民的关系问题，是为人民服务，以及怎样服务的问题。

这个问题为什么是难以解决的呢？因为精神的根本问题不在知识，不在认识，而在情感。

因为在知识上，在口头上，大家都主张为人民服务，但是，在情感上并不然。对于服务人民这件事，大家并不是在思想上转不过来，而是在感情上难以接受，这是因为大家在感情上"不爱人民"——毛泽东说，"不爱他们的感情，不爱他们的姿态"，正因为在感情上没有转过来，所以，大家写的东西就不生动、不感人、不动人，既然连自己都感动不了，那就不可能感动老百姓。

什么是对人民群众的感情呢？

毛泽东说，人民是我们的观世音，我们共产党人，没有人民群众该怎么办啊？我们要像念佛一样，时时刻刻念着我们的人民群众啊！

当毛泽东去重庆谈判时，枣园的百姓蜂拥而至，他们喊着，毛主席不能走，毛主席不能离开延安。

当毛泽东从重庆归来时，延安万人空巷，父老乡亲在机场翘首以盼，他们奔走相告，菩萨保佑，咱们的毛主席

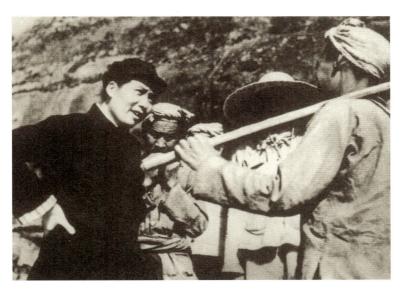

毛泽东与农民交谈。

好好地回来哩!

当共产党撤离延安时,杨家岭的房东一遍遍地问毛泽东,主席,咱们延安的小米好吃不好吃,咱们延河的水可甜?

在转战陕北途中,毛泽东到一个老乡家讨水喝,他惊异地发现,灶台上挂的竟然是他的画像。毛泽东问女主人说,大嫂啊,你家怎么不供灶王爷啊?

大嫂说,祖祖辈辈供灶王爷,还是被人家欺负,毛主席来了,咱们穷人才不受欺负了,咱们穷人也成了人了,咱们不挂灶王爷,要供就供咱们毛主席!

同志,你们从延安来吧?借问咱的毛主席,他可好?

当时那位大嫂,并没有认出进来讨水的人,就是毛泽东本人。

《在延安文艺座谈会上的讲话》发表后不久,延安的文艺工作者排出了歌剧《白毛女》。

1945年4月,中国共产党第七次全国代表大会开幕前一天,《白毛女》在中央党校礼堂首演。

泪水和着掌声,叹息伴着喝彩。

当台上的大春牵着喜儿的手走出漫长阴暗的山洞,东方的太阳冉冉升起来了。

悠远的合唱仿佛从历史深处响起,全场震动、全场欢呼:

太阳出来了，太阳出来了。

太阳，太阳！光芒万丈，万丈光芒。

上下几千年，受苦又受难，如今盼到出了太阳！

太阳就是毛泽东！太阳就是共产党！

毛泽东却说，不，太阳是人民群众。

毛泽东这样教诲中国共产党人和一切追求人类进步与解放的人们说：

  中国人民正在受难，我们有责任解救他们，我们要努力奋斗。要奋斗就会有牺牲，死人的事是经常发生的。但是我们想到人民的利益，想到大多数人民的痛苦，我们为人民而死，就是死得其所。

"旧社会把人变成鬼，新社会把鬼变成人。"从三皇五帝到如今，毛泽东这样告诉黎民百姓，你们也是人，是与统治者完全平等的人，你们不是草芥。

当家徒四壁的井冈山、延安、太行人民，以仅有的五颗鸡蛋、一筐红枣、半条驴腿支援共产党的时候，当"妻

　　这幅画讲述的是"白毛女"的故事。地主逼债打死了喜儿的父亲，喜儿成了抵债的奴隶，她不堪凌辱逃进了深山，当被八路军救出时，喜儿已经成了满头白发的"野人"。这个故事发生在河北平山，全国土地工作会议就是在平山召开的，毛泽东也是在白毛女的故乡——平山县西柏坡指挥了三大战役。

子送郎上战场，母亲叫儿打东洋"这人民的呼声响彻大河上下的时候，困扰中国数千年的一盘散沙的死循环，终为之焕然顿解，"数千年未有之大变局"，终因之而逆转。

当一个农民士兵高举炸药包呐喊高呼"为了新中国，前进"的时候，当一个15岁的农家女面对铡刀慷慨陈词"怕死不当共产党"时，毛泽东率领的共产党人的奋斗感动了上帝，这个上帝不是别人，就是全中国的人民大众。

晚清以来，中国举凡财政、金融、军事、科技均落后于西方，不仅陷入国家民族的大劫难，而且陷入了文明的大劫难。毛泽东深刻地认识到，近代以来的中国，除"人心"之外，再无实现历史大翻盘的"资本"，而毛泽东思想的根本，就在于依靠唤起人民的同心同德，空前团结，以打败帝国主义和国内反动派在物质方面的优势。

第十六章

毛泽东如何
带领四个连"散步"在陕北，
吸引了蒋介石的全盘战略？

131

在1947年3月到1949年3月之间，在这短短的两年时间里，旧中国的统治结构，如坍塌般地轰然倒下，而在旧世界的废墟中，新中国如光芒万丈的太阳，喷薄而出，跃出了东方。

无论胜利者还是失败者，都没有想到这剧变来得如此迅疾，如迅雷不及掩耳。

1949年3月，毛泽东率领中共中央离开西柏坡，向北京进发。

当时，他若有所思地对卫士闫长林说，又是3月啦，好像一到3月，我们就要有行动呢！

闫长林则欢天喜地地说，是啊！主席，前年3月，我们离开了延安，去年3月，我们离开了陕北，今年3月，我们要去北京啦！真没想到，胜利来得这么快啊！

毛泽东幽默地说，连你都没想到，那蒋介石就更没想到喽！

马背上的毛泽东。经美国历史学家周锡瑞考证，照片拍摄时间为 1947 年 9 月 23 日，拍摄地点叫马背梁峁。

　　的确，蒋介石完全没有想到自己的失败，他更没有想到失败到来得如此迅疾而彻底。

　　实际上，当蒋介石在 1947 年 3 月对延安发起大规模进攻的时候，毛泽东是做了最坏的打算的。他把中共中央一分为三，由刘少奇、朱德领导中央工委，向太行转移，由叶剑英领导中央后委，向山西临县转移，而他和周恩来、任弼时则组成中央前委，留在陕北与胡宗南的大军周旋。

　　毛泽东在"一线"领导军事斗争，而刘少奇等人则在"二线"负责土地改革和党的工作。

毛泽东就是这样再次做了前委书记，他化名为李得胜。

但这个化名只用了一个多月，1947年5月，当毛泽东指挥蟠龙战役时，他便抄起电话说，我是毛泽东！

1947年5月14日，新华社播发消息，公开宣布，毛泽东与中共中央还在陕北。

蒋介石闻讯大喜。

他下令说，要全力以赴消灭毛泽东和中共前委，能活捉最好。只要消灭了毛泽东和中共前委，共产党必然群龙无首，陷入混乱，共产党的崩溃指日可待，他还告诉美国大使司徒雷登说，最晚当年的10月，就可以消灭共产党了。

毛泽东料到，在这个世界上，最一心一意地惦记着他的人，其实就是蒋介石。为了抓到或者消灭他本人，蒋介石会把什么都置之于九霄云外的。

知蒋者，毛也。

蒋介石动员了25万人的精锐之师进攻延安，而共产党在陕北的军队只有26000人，双方兵员比例将近10∶1；胡宗南动用了四个半机械化旅追踪毛泽东，而毛泽东率领的所谓"中央纵队"只有四个连。

蒋介石断言，只要毛泽东留在陕北，他就插翅难飞。

那时的蒋介石，朝思暮想的就是一朝陕北传来捷报，生擒或者打死了毛泽东。

当蒋介石全力以赴注视着中国西部的时候，东部战场却率先传来了令他出乎意料的消息。1947年5月，蒋介石的爱将胡宗南占领延安的两个月之后，他的另外一名爱将张灵甫，被陈毅和粟裕的华东野战军击毙，国民党最精锐的整编74师，在山东临沂的孟良崮全军覆没。

早餐吃牛奶咖啡、行军时用铝合金家具办公的张灵甫，竟然被吃着煎饼卷大葱的粟裕消灭了，这怎么可能呢？

当时的国民党将军，都随身带着财宝箱，其□装满了黄

转战陕北的毛泽东。

金美元。而共产党干部的口袋里，除了一个开会用的笔记本外，一无所有。

在孟良崮战役结束后不久，在毛泽东精心筹划下，从1947 年 7 月开始，中国人民解放军由战略防御转入了战略进攻。毛泽东指示林彪在东北向国民党发起攻击，并命令陈谢、刘邓、陈粟三大野战军会师中原。

大智大勇的毛泽东，舍下自己的一条命，用少量的兵力把国民党胡宗南的主力部队拖住、牵制住，为解放军在其他战场的军事行动减轻了压力、争取了时间。

早在《中国革命战争的战略问题》中，毛泽东就这样指出，战胜强大的敌人，争取革命战争的胜利，需要满足两个条件：一是把我们的优势发挥到极致，而我们的最大优势就是人民的支持。二是使敌人犯错误，特别是使敌人原本就不平衡的统治力量陷入更大的不平衡，然后，找到敌人最薄弱的环节，从那里入手，击溃反动派的整个统治结构。解放战争的胜利，全面深刻地诠释了毛泽东的战略思想。

双方开战一个月之后，毛泽东便为新华社撰写社论——《蒋介石政府已处在全民的包围中》，他预言说："中国事变的发展，比人们预料的要快些。"

正如毛泽东所预见的那样，1947 年 3 月至 8 月这短短

5 个月里，全中国的战局发生了倾斜式的变化。

而当蒋介石意识到这种变化时，已经太晚了。

1948 年 3 月，毛泽东东渡黄河，从此告别了他生活了 13 年的热土陕北。

回首陕北 13 年，毛泽东面对滚滚长河，感慨万千，他当时说，陕北人民真金子！

蒋介石终于没有抓住毛泽东，而在不到一年的时间里，他却丢掉了华北和东北的绝大部分。

在离开陕北之前，毛泽东计划在郏县与胡宗南打一仗，当得知毛泽东担心郏县百姓负担过重时，当地的县长说：请主席放心，我们先把余粮送上去，不行就把未熟的麦穗割了送上去，再不行，就把牲口都杀了送上前线，咱们就是吃树叶，也要打败蒋介石。

毛泽东一行离开天赐湾不久，胡宗南的军队抓住了一个老汉和他的小孙女，逼问毛泽东的去向。老汉一言不发，国民党就把老人绑在树上，用马鞭猛抽，小女孩吓得大哭，但关于毛泽东的去向，老人和孩子最终也没有吐露一个字。

这就是陕北人民，这就是毛泽东所说的真金子。

1948 年 5 月，毛泽东率领中共中央到达西柏坡。从这一年的 9 月开始，毛泽东一面纠正土改中的"左"倾错误，

这幅画的背景是西柏坡中央军委作战指挥室。画中的粗瓷茶具和方凳根据原物临摹，墙上的作战地图有被油灯烤过的痕迹，毛泽东和他的战友们穿的棉衣上的褶皱清晰可见，阳光从贴着胶布的窗户里照进来，象征着新中国的黎明已经到来

一面用 308 封电报，指挥了辽沈、淮海和平津三大战役。

在西柏坡的中央军委作战指挥室里，只有一部电话，两张地图，三张桌子。

凡是去过那里的人，都会油然而生这样的感慨：从此之后，世上的人们，再也不能将办不成事情，归结为客观条件不好了。

当时的河北平山，流传着这样一首《支前歌》：最后一碗米，送去作军粮，最后一尺布，送去作军装，最后的老棉袄，盖在担架上，最后的亲骨肉，含泪送上战场。

共产党的胜利来自人民的支持，而为人民所唾弃，这便是蒋介石兵败如山倒的真正原因。

1947 年，毛泽东发出了《中国人民解放军总部关于重新颁行三大纪律八项注意的训令》。

自 1927 年毛泽东第一次在井冈山颁布《三大纪律六项注意》算起，整整 20 年过去了。20 年——当年衣衫褴褛、刚刚组建的中国工农红军第一师及其他红军部队，如今已经壮大为摧枯拉朽的中国人民解放军。

从那时起，毛泽东的工作重心虽然仍以领导军事斗争为主，但是已经开始考虑建设新中国的蓝图了。

一支没有意志的军队，不过是乌合之众，而一个没有信念的党，必将灭亡。这种信念就是对社会主义的信念，如果不走社会主义道路，中国就将重回一盘散沙。

1949 年 3 月，毛泽东率领中共中央，离开西柏坡，向北京进发。

整整 40 年前，16 岁的毛泽东挑着简单的行李，开始了人生第一次远行。

当时，他的担子上一头是书和简单的行囊，另一头是供几天吃的口粮。

40 年天翻地覆，40 年弹指一挥间。

这一次，两辆卡车就装下了中共中央全部的家当。

遥望远方，毛泽东这样自言自语，牺牲多少好同志啊，我们这些人，不过是幸存者。

1949 年 3 月 25 日，昔日长发飘飘的书生毛泽东，回到了古都北京。他随即出颐和园，至西苑。阳春三月，沙场点兵。在北国漫天浩荡的黄沙里，当年的毛委员向第四野战军的装甲部队挥手敬礼——这支部队的前身就是红一军团。

那个时候的毛泽东，也许想让他的战友们知道：古希腊的"自由人的联合体"之所以昙花一现，是因为它受到了"奴隶制经济规律的自发作用"的束缚，正如资产阶级政治领域的陷落，是因为它为"资本和地产的自然规律的

毛泽东西苑阅兵。

自发作用"所束缚并替代，毛泽东想让中国人民知道，社会主义事业的发展必须经历不同历史阶段。毛泽东想让中国人民知道，这一革新的事业将不断地受到既得利益和阶级自私心理的抗拒，因而被延缓、被阻挠。但是，毛泽东更想让他的战友和人民知道：通过人民共和国和人民当家做主这种政治组织形式，我们可以立即大步迈进；他想让中国人民知道：为了他们自己和为了人类开始这一运动的时刻已经到来了。

历史没有终结，而今才是迈步从头越的时刻。

那一年，毛泽东 56 岁。

第十七章

毛泽东为什么说中国人民从此
站起来了？

1949 年 10 月，毛泽东在北京宣告：中华人民共和国中央人民政府成立了！

那个时候，中国是世界上非常贫困落后的国家（人均 GDP 在世界 144 个国家中排名倒数第 11 位），婴儿死亡率高达千分之二百，人均寿命只有 35 岁，成人文盲率高达 80%。

那个时候，中国的工业能力不及欧洲小国比利时的一半。

1954 年，毛泽东在领导制定《宪法》时曾说："我们现在能造什么呢？能造桌子椅子，能造茶壶茶碗，能种粮食，还能磨成面粉，还能造纸，但是，一辆汽车、一架飞机、一辆坦克、一辆拖拉机都不能造。"

在新中国成立的时候，中国的工业只占国民经济的百分之十左右。

而当毛泽东离开我们的时候，中国却以世界上六个工业大国之一的形象，屹立于世界舞台，屹立于世界民族之林。

从那时起，我们的民族就再也不是一个被侮辱、被欺凌的民族了。

关于毛泽东时代的经济成就，莫里斯·麦斯纳在《毛泽东的中国及其发展——中华人民共和国史》这部经典著作中，曾经这样指出：

在毛泽东时代，工业总产值增长 38 倍，重工业总产值增长 90 倍。从 1950 年到 1977 年，工业产量以年平均 13.5% 的速度增长，这是全世界所有发展中国家和主要发达国家在同一时期取得的最高增长率；在毛泽东时代，工业产值占工农业总产值的比重从 30% 增加到 72%，这反映了中国已经从一个主要进行农业生产的国家引人注目地变成了一个比较工业化的国家。在 20 世纪 70 年代中期以前，中国就在大量生产喷气式飞机、重型拖拉机、电动机车和现代远洋轮船，中华人民共和国那时还在生产核武器和洲际弹道导弹，已经在 1970 年（中国首次成功地试验原子弹以后六年）发射了人造卫星。

这种令人震惊的成就，是中国人民自己在没有多少外来援助或支持的情况下获得的，因此格外引人注目。实际上，毛泽东的中国完全是白手起家，建立起一个工业化的、门类齐全的现代经济体系，这一历史奇迹是在极不利的国内和国际环境中取得的，未来的历史学家们将一定会在不忽略那些失误和挫折的情况下，把中华人民共和国历史上的毛泽东时代，作为世界历史上最伟大的现代化时代之一，作为带来巨大的社会进步和人类利益的时代，载入史册。

然而，毛泽东的成就绝不仅仅是经济上的。正如 1840 年以来，中国所陷入的不仅仅是经济上的积贫积弱那样，中国的积贫积弱既是经济的，但更是军事的和政治的衰弱。

20 世纪初，在中国拥有"治外法权"的国家，除了所谓"八国联军"之外，还包括巴西、秘鲁和玻利维亚——一百年血流成河，泪流如海，几乎所有的帝国主义列强都打过中国。

当中国工农红军初创的时候，那还是一支依靠大刀长矛的军队，经常遭到兵勇和团练的围剿而四处迁徙，而当毛泽东离开我们的时候，中国人民解放军已经是一支拥有两弹一星核潜艇的现代化军队。

正像毛泽东所指出的那样：西方帝国主义之所以能够肆无忌惮地欺凌中国，从根本上说，就是因为中国社会的各阶级在政治、经济和军事上的软弱无力——士大夫阶级腐败无能，官僚买办资产阶级是帝国主义的附庸，广大的农民一盘散沙，工人阶级非常弱小，知识分子迷茫彷徨、愤激焦灼。

而当毛泽东离开我们的时候，中国有了历史上最强大的政治力量——中国共产党，有了一支战斗力全世界有目共睹的人民军队，中国人民成为国家政治生活的主动参与者，成为国家的政治主体。中国人民的政治面貌和精神面貌已经焕然一新。

大道之行也，天下为公，选贤与能，讲信修睦。故人不独亲其亲，不独子其子，使老有所终，壮有所用，幼有所长，鳏寡孤独废疾者皆有所养，男有分，女有归。货恶其弃于地也，不必藏于己；力恶其不出于身也，不必为己。是故谋闭而不兴，盗窃乱贼而不作，故外户而不闭，是谓大同。

新中国不但建立了完善的工业体系，也建立了农村合作医疗体系，五保体系，全民教育体系，防灾救灾体系，一个饿殍遍野、盗匪横行、民不聊生的旧中国，一举建成了鳏寡孤独废疾者皆有所养、路不拾遗的新社会。

中国人民站起来，首先是从政治上、思想上、道德上站起来了。把一个贫穷落后的旧中国，改造为现代化的社会主义新中国，这在人类历史上绝没有先例可循。

这条道路是辉煌灿烂的、可歌可泣的，但也充满艰难险阻，在探索这样一条道路的过程中，英雄的中国人民取得了伟大的成就，但也付出了沉重的代价与牺牲。

中国的第一个五年计划是仿照苏联的模式制定的，且取得了比苏联更快的增长速度，但是，它同时也暴露出了相应的缺点，而其主要表现就是：偏重工业特别是重工业，而忽视农业；偏重沿海地区，而忽视内地；过度依赖资本密集型产业的投资，而忽视中国劳动力密集的优势；偏重汉族地区，而忽视少数民族地区；偏重模仿国外经验，而忽视中国特色和中国人民自身的创造性；偏重中央计划和计划的制定者，而忽视地方和基层的能动性，等等。

正是基于上述的缺点，毛泽东在 1956 年发表了《论十大关系》。在这篇文献中，他首次提出了"两条腿走路""多元并举""全面发展"的社会主义现代化道路。

随后，毛泽东又发表了《关于正确处理人民内部矛盾的问题》。这篇文献深刻地论述了党执政之后与人民群众的关系问题。毛泽东指出，在取得了全国政权之后，党与人民群众的关系，由革命战争时代的"鱼水关系"，不可避免地转变为"管理者与被管理者"之间的关系，而如何保持党与人民群众的血肉联系，避免官僚主义和腐败——如何"永远与人民在一起"，这是党所面临的严峻考验，而这一点关系到党的性质，关乎党的"初心"和党"全心全意为人民服务"的宗旨，关乎党的生死存亡。

正是基于这种深刻的思考，以及对苏联发展模式缺陷的清醒认识，毛泽东毅然决然地号召中国共产党人和中国人民：走一条自己的、前所未有的社会主义现代化道路。

在探索这条前无古人的伟大道路的过程中，毛泽东清醒地指出了我们所面临的严峻问题——毛泽东提出和指出的这些问题永远值得我们反思和汲取，但是，由于时代和历史条件的残酷与限制，由于在一定程度上低估了解决这些问题所需要的时间和手段，加之采用了急于求成的方式，毛泽东在探索这条前无古人的道路上，遭遇到了巨大的挫折，犯了诸如"大跃进"和"文化大革命"这样的错误。而毛泽东为了克服这些挫折、纠正探索道路上的失误，殚精竭虑、鞠躬尽瘁，他为了中国人民和人类解放事业，奋斗到生命的最后一息。

邓小平说：中国人民要世世代代高举毛泽东思想的伟大旗帜，毛主席永远是中国各族人民的伟大领袖和导师。

毛泽东说过：马克思主义没有终结真理，而是不断开辟着真理前进的道路。

毛泽东思想同样也是如此。

1949 年，当毛泽东宣告中国人民站起来了的时候，他实际上为我们预言了两次伟大的革命：现代化建设的革命和社会主义革命，他更号召中国人民通过前无古人的实践，把这两场革命紧密地结合在一起。

与此同时，毛泽东也为我们提出了两个任务：走一条中国人自己的社会主义的现代化道路——同样重要的是，在社会主义建设的整个过程中，中国共产党必须一刻也不脱离人民群众，始终保持全心全意为人民服务的宗旨。

这就是中国共产党成立之初和毛泽东于 1949 年在宣告中国人民站起来了之时，为我们立下的"初心"。

1954 年，毛泽东在第一届全国人民代表大会第一次会议讲话时说："我们正在做我们的前人从来没有做过的极其光荣伟大的事业。"

无论经历多少艰难险阻、多少失败与挫折，也无论取得怎样辉煌的成就，对中国人民而言，毛泽东的这些话，远没有过时，也永远不会过时。他为我们立下的"初心"，将永远鼓舞我们世世代代不忘我们的历史与本色。

"雄关漫道真如铁，而今迈步从头越。"

"不忘初心，继续前进。"

归 去 来

"大风卷海，波澜纵横，登舟者引以为壮，况生死之大波澜何独不以为壮乎。"

毛泽东走了。他离开我们独自波澜远行。

那个高呼人民万岁的人去了，留下了站起来的人民。

他从最有中国特色的"秋收暴动"中走来，带领中国红军击溃了世界上强大的帝国主义武力。

他从最能体现革命意志的两万五千里长征口走来，带领中国共产党人战胜难以想象的艰难险阻。

他从中国历史的满江红浪中走来，带领中国人民缔造了世界上强大的现代国家、壮观的政治新世界。

毛泽东走了，留下了他毕生的两件伟大作品：中华人民共和国；"敢想、敢干、敢实践"的新中国性格。

毛泽东还在，天心月圆，人间春满。他始终忧思如海地凝视着他亲手缔造的党、国家和军队，他始终以他的光辉思想，鼓舞着、指引着"遍地英雄下夕烟"的中国人民。

毛泽东走了。他把青年时代对人的天性、宇宙奥秘与法则的思索留给了我们。他把壮年时代关于武装斗争的思想、矛盾与实践的学说、人民战争的战略战术留给了我们。他把盛年时代探索中国社会主义道路的遗产留给了我们。他把晚年对于社会主义条件下政治、政党、政权命运的深沉忧思留给了我们。

他把对于人类、对于中国、对于全世界被压迫民族与被压迫人民的责任，留给了我们。

他的笑容与浩叹，他的悲怆与激越，他失去的每一个亲人，他写下的每一行文字，与你、与我，与每一位站起来的中国人血肉相连。

毛泽东还在，他回到了中国大地和历史深处，如雪落长河，寂然无声。

生何灿烂，死而无憾。花谢还开，长河不断。我今何有？谁与安息？日月经天，何劳寻觅。

我把这本小书献给当代的中国少年，一篇读罢，我想象着：今天的中国少年，究竟能对以毛泽东为代表的中华民族的志士仁人说些什么呢——如果他们在聆听？

世界说需要燃烧，于是，他们燃烧着，像星星之火，也像导火的绒绳。

是啊，生命只有一次，当然不会有凤凰的再生。

当隆冬到来的时候，您是冰封悬崖上一支报春的腊梅。

然后，就有大树下如泪水般的雨声。

我们应该向敬爱的您讲起爱。

我们应该向光荣者讲起光荣。

掌上千秋史

公元907年，中国历史上最绚烂的世界帝国——唐朝灭亡了。短短53年之后的公元960年，宋朝建立。从那时起到1840年，一个新的千年开始了。

宋朝的立国之本，概而言之，就是"矫唐之往，纠唐之过"，其基本制度设计，便是建立在"矫失以为得"这个"大纲大纪"的基础之上。于是，几乎不可避免的，对于宋朝来说，隋唐光辉灿烂的326年，就只剩下了3年的"安史之乱"，而为三百余年王朝治理者所念念不忘的，也大概只有这样一件事：汲取"安史之乱"深刻的历史教训。

举凡王安石所痛陈的人才之"教、养、取、任"皆不得法，即作为治理者的士大夫阶级的不会干事、不愿干事、不能干事；举凡叶适所揭露的"官无封建而吏有封建"，即社会分裂为两张皮，并最终堕入一盘散沙——这些大宋"创制"的起因和用意，究其实质与根源，皆不过在"矫唐之往，纠唐之过"。

南宋伟大的思想家叶适在《法度总论二》中曾这样沉痛地写道：

昔人之所以得天下也，必有以得之；其失天下也，亦必有以失之。得失不相待而行，是故不矫失以为得。何也？盖必有其真得天下之理，不俟乎矫失而后得之也；矫失以为得，则必丧其得。唐、虞、三代皆有相因之法，而不以桀、纣之坏乱而废禹、汤之治功；汉虽灭秦，亦多因秦旧。然大抵天下之政日趋于细而法日加密矣；惟其犹有自为国家之意，而不专以惩创前人之失计，矫而反之，遂以为功。

……

夫以二百余年所立之国，专务以矫失为得，而真所得之之道独弃置而未讲。……二百年于此，日极一日，岁极一岁，使天下之人皆以为不知其所终，而不知陛下将何以救之哉？

"专务以矫失为得，而真所以得之之道独弃置而未讲"，"而不知陛下将何以救之哉？"这千古一叹，是对宋王朝的质问，也是对历史的质问。

当然，宋代也并非全靠"专以惩创前人之失计"过活。"唐、虞、三代皆有相因之法，而不以桀、纣之坏乱而废禹、汤之治功；汉虽灭秦，亦多因秦旧。"宋于唐制，自然也有相因与继承之处。其中最为突出者，便是承继唐"永贞革新"以来的改革精神，变唐初的"三省"（中书、门下、尚书）"三权分立"之贵族制度，而为具有现代治理色彩的"三司"（户部、度支和盐铁）制度，即欲使国之一统与国家能力的增强，建立在对于资源和资本（即今天所谓"要素市场"）的支配与有效利用之上。

但是，这项关键的现代转变并没有完成，而这就是因为此类改革违背了宋朝立国的"纲纪"，于是便没有强有力的干部政策支持。而那个"纲纪"，若说白了，就是司马光在《资治通鉴》开篇阐述的治理之道，司马迁说，治国理政，"与其得小人，不若得愚人"，因为"愚人"固然不能办事，但也不至于生事。

"夫以二百余年所立之国，专以矫失为得"，因为惧"乱"、怕"生事"，以至于把选拔"愚人"当作干部任用标准，而宋朝最终所得到的，必然就是矫枉过正，它得到的是历史的讽刺："唐之失在于强，宋之失在于弱"。

而自宋朝以来的千年以降，中国历代王朝继承宋代这些"制度创制"的最后结果，便是光绪帝在 1901 年的《变法上谕》中迟到的觉悟："我中国之弱，在于习气太深，文法太密，庸俗之吏太多，豪杰之士少。文法者，庸人借为藏身之固，而胥吏倚为牟利之符。公事以文牍相往来而毫无实际，人才以资格相限制而日见消磨。误国家者在一私字，困国家者在一利字。"

中国历代王朝继承宋代这些"制度创制"的最后结果，便是鸦片战争的落后挨打，便是中华民族的积贫积弱。

日本人说，"唐宋之变"是中国走向近代的开端，但我以为那也是中国走向积贫积弱，走向落后挨打的开端。不必说，就是从那时起，我们民族的敌人，成了我们的"客户"。"日驱驰千里，斩首三万而归"的汉唐气象，从此远去；而"量中华之物力，结友邦之欢心"的阿 Q 精神，则浮出了历史地表。

王夫之《宋论》开篇即指出："帝王之受命，其上以德，商、周是已；其次以功，汉、唐是已。诗曰：'鉴观四方，求民之莫。'德足以绥万邦，功足以戡大乱，皆莫民者也。"而宋之大弊则在于：其以弱势取天下，上位全凭运气和偶然，"以德之无积也如彼，而功之仅成也如此"。于是，"夫宋之所以生受其敝者，无他，忌大臣之持权，而颠倒在握，行不测之威福，以图固天位耳"。

王夫之深刻地指出：宋之弊政，乃中华民族近千年之积弊；宋之亡，乃中华民族走向危亡之预示和先兆；宋之软弱无能，代表着三代与汉、唐传统之中断，宋之危亡，乃天下之危亡：

> 汉、唐之亡，皆自亡也。宋亡，则举黄帝、尧、舜以来道法相传之天下而亡之也。是岂徒徽、钦以降之多败德，蔡、秦、贾、史之挟奸私，遂至于斯哉？其所繇来者渐矣。

当然，千年历史，并不是没有先觉者挺身而出，力图制止这种顺流而下，也并不是没有勇敢者面对顺流而下的"大势"，运筹帷幄，力图翻盘。前有王安石、叶适上下呼号，中有王阳明横空出世、异军突起，直到《南京条约》签订之日，魏源尚在奋笔疾书《圣武记》。这些逆流而上、力求翻盘的努力虽然没有成功，但所谓鞠躬尽瘁、前赴后继者，正构成了千年以降，中国改革与革命的星星之火。

直到中国出了个毛泽东。

以毛泽东为代表的中国共产党人，不但把马克思主义真理与中国长期革命和建设的思想紧密结合起来，为中国人民的解放事业提供了认识真理之道，而且也为这种真理和大道在现代中国的实行，创造了"时势"，正如为鱼跃创造了水，为龙兴创造了风和云。

正是"真理"与"时势"的结合，使中国一举摆脱了数千年未有之大变局。

"起来，不愿做奴隶的人们，把我们的血肉铸成我们新的长城"，"起来，饥寒交迫的奴隶，起来，全世界受苦的人"——"国际悲歌歌一曲，狂飙为我从天落"。千年历史，就此翻盘。

"一张白纸，没有图画。好写最新最美的文字，好画最新最美的图画。"今天的读者，也许对于毛泽东波澜壮阔的奋斗生涯并不缺乏了解，甚至对于毛泽东思想的基本内容也不缺乏了解，正像"毛泽东晚年犯了错误"、"我们今天的成就，是建立在对毛泽东晚年所犯错误的纠正之上"——这些基本论断，想必大家都已充分了解了一样。但我以为：我们所缺乏的，乃是毛泽东对于中国历史、世界历史那巨人式的总结、洞察、剖析和超越。

"雄关漫道真如铁，而今迈步从头越"，如果离开了中华民族五千年，鸦片战争以来 170 多年，新中国成立 67 年波澜壮阔的历史，而只盯着区区 10 年，那么，我们与宋人看绚丽的大唐又有什么区别？

如果如此"日极一日，岁极一岁，使天下之人皆以为不知其所终"，那我们与祥林嫂又有什么区别？

往事越千年，我希望今人能够把眼光放长远一点，因为历史提醒我们——不要陷入宋人小廉曲谨、自误误人的小聪明，即不要"矫失以为得"；因为历史反复告诫我们——"矫失以为得，则必丧其得"。

2014 年 2 月 17 日，习近平总书记在省部级三要领导干部学习贯彻中共十八届三中全会精神全面深化改革专题研讨班开班式上发表重要讲话。讲话收在《习近平谈治国理政》一书中，题为"不断提高运用中国特色社会主义制度有效治理国家的能力"。

在这篇重要讲话中，习近平总书记教诲我们要有宽阔的历史视野。他指出：我们必须面对的治理经验有三个部分，第一个部分就是西方社会的治理经验；第二个部分是我们中国几千年来的治理经验；第三个部分是社会主义的治理经验。我们应该从这三种治理经验和教训当中，从宽阔的历史视野来理解治理问题。

我以为，我们今天重读毛泽东，必须有习近平总书记所倡导的那种宽阔的胸怀、远大的历史视野和包纳四宇的思想风范。

毛泽东思想是千年以降，中国革命和建设思想的总结与集大成——这就是我的这本小书的主题。

如果这本书或许还有点价值，那么，其价值大概就在于此。

正像《五百年来谁著史：1500年以来的中国与世界》一书发愿于纽约一样，这本书的写作，缘于2015年纽约国际书展期间，我与Benchmark出版集团的约定。

2015年12月26日，是毛泽东诞辰纪念日，那一天，中共石家庄市委宣传部原常务副部长王惠周同志，领我去西柏坡还愿——因为这本书的初稿，那时刚刚完成。

当踏着慷慨低徊的乐曲，缓步走向毛泽东、周恩来、刘少奇、朱德、任弼时的塑像时，霎那间大雪骤降，漫天皆白。

抬头仰视毛泽东忧思如海的形象，那一刻我感到，他原本离我们是那么的近。

感谢冷溶主任、朱善璐书记、许永跃部长、孔丹同志、陈晋同志，你们的教诲和鼓励给我以勇气。感谢李学谦同志、张楠同志，你们的信任与鞭策是我前行的动力。感谢中信出版集团、北京大学出版社和中国少年儿童新闻出版总社，通过你们卓越的工作，本书得以送到读者的手上。

4月21日晚，在开满鲜花的燕园，有一间会议室透出静谧的灯火——那是北大的研究生们在开毛泽东著作阅读会。

遥望不灭的灯火，心生感动与欢喜，不知怎的，想起了毛泽东所喜爱的清人严遂成的七律：

英雄立马起沙陀，奈此朱梁跋扈何。只手难扶唐社稷，连城犹拥晋山河。

风云帐下奇儿在，鼓角灯前老泪多。萧瑟三垂冈下路，至今人唱《百年歌》。